Friedrich Klammrodt

Schule – AD(H)S – Impfungen

Wie Impfungen – ungewollt – die Pädagogik ins Straucheln bringen und was dagegen getan werden kann

Die Information durch dieses Buch kann nicht die Behandlung und Beratung durch einen Arzt oder Heilpraktiker ersetzen. Eine Haftung für irgendwelche Schäden übernehmen weder Verlag noch Verfasser.

Klammrodt, Friedrich: Schule – AD(H)S – Impfungen
1. Auflage 2016

Wissenschaftlicher Autorenverlag KG, Leer
E-Mail: info@grundlagen-praxis.de
http://www.grundlagen-praxis.de

Umschlaggestaltung: Grundlagen und Praxis
Satz und Druck: Hans Kock, Bielefeld

ISBN 978-3-937268-42-2

Friedrich Klammrodt

Schule – AD(H)S – Impfungen

Wie Impfungen – ungewollt – die Pädagogik ins Straucheln bringen und was dagegen getan werden kann

Mit einem Vorwort
von Dr. med. Friedrich P. Graf

Verlag Grundlagen und Praxis
Wissenschaftlicher Autorenverlag
Leer (Ostfriesland)

Inhalt

	Vorwort von Dr. med. Friedrich P. Graf	6
	Vorwort des Autors	9
1.	**Einführung – Was bedeuten AD(H)S, ADHS und ADS?**	10
2.	**Schule und Kinder heute – eine Bestandsaufnahme**	12
2.1	Verhalten von Schulkindern	12
2.1.1	Eigene Erfahrungen als Lehrer (1966-2006)	12
2.1.2	Horst Hensel: „Die neuen Kinder und die Erosion der alten Schule“	16
2.1.3	Bernhard Heinrich Lott: „Schule am Abgrund“	17
2.1.4	Philipp Möller: „Isch geh Schulhof“	19
2.1.5	Hamburger Lehrerin: Elternbrief	21
2.1.6	Altgediente Lehrerin	23
2.1.7	Zeitungsmeldung: Haupt- und Realschule in Ostfriesland	23
2.1.8	Lehrer am Ende – Rütli-Schule Berlin-Neukölln	23
2.1.9	Michael Winterhoff – Psychiater, Buchautor und Referent	24
2.1.10	Studie: „Verhaltensauffälligkeiten bei Grundschulkindern“	27
2.1.11	Fazit – Kinderverhalten	28
2.2	Schulleistungen	32
2.2.1	Beherrschung der Kulturtechniken – Sprachfähigkeit	32
2.2.2	Studie: Rechtschreibleistungen 2005 im Vergleich zu 1968	34
2.2.3	Prof. Christian Pfeiffer: Leistungskrise bei Jugendlichen	35
2.2.4	Studie: „Sprachalarm im Kindergarten“	35
2.2.5	Fazit – Lernleistungen	36

3.	**Ursachen und Gegenmaßnahmen bezüglich Verhaltens- und Lernstörungen**	37
3.1	Klassische Maßnahmen wenig wirksam	37
3.2	AD(H)S eine Impffolge	39
3.3	Massive Ausweitung der Impfpläne seit 1972	42
3.4	Erfahrungen mit geimpften und ungeimpften Kindern	43
3.5	Fallberichte – Fachleute, die sich in ihren Büchern mit Hirnfunktionsstörungen nach Impfungen befassen	46
3.6	Studien/Umfragen zu geimpften und ungeimpften Kindern	48
3.7	Fallberichte – Lern- und Sprachstörungen nach Impfungen	50
3.8	Fazit – Ursachen	53
3.9	Gegenmaßnahmen und Vorbeugung	59
3.10	Auffällige Zunahme von Verhaltens- und Sprachstörungen in den 1990-er Jahren	63
4.	**Ernährung bei AD(H)S – Anwendung von Antibiotika**	63
5.	**HEBO-Privatschule**	68
6.	**Schlusswort – Ausblick**	71
	Anhang	78

Vorwort von Dr. med. Friedrich P. Graf

Sie halten hier eine berechtigte Anklage gegen die gegenwärtige Schülersituation in Deutschland in der Hand. Herr Klammrodt ist zwar nicht mehr im Schuldienst, bringt aber seine 40 Jahre Berufserfahrung ein, um die auffälligen Veränderungen vieler Schüler von heute zu beschreiben. Ich bin in vergleichbarer Erfahrung, im 34. Berufsjahr als homöopathischer Allgemeinarzt, um aus ärztlicher Sicht zu diesen Ausführungen Stellung zu beziehen und diese Schrift einzuleiten. Ich kann diese Entwicklung zu der „kranken Normalität" vieler Schüler von heute nur bestätigen.

Ein häufiger Grund, dass Eltern mich mit ihren Kindern aufsuchen, ist deren Konzentrationsmangel, die körperliche Unruhe mit der Unfähigkeit, eine volle Schulstunde geschweige denn den ganzen Schultag mitzuarbeiten und die Lustlosigkeit, dem Lehrer zu folgen. Daraus ergeben sich viele Konflikte, bis dass die Lehrer die Eltern mahnen, einen Arzt aufzusuchen und das Kind auf AD(H)S, das Aufmerksamkeits-Defizit-Syndrom mit oder ohne Hyperaktivität, prüfen zu lassen. So kommt es, dass heute Lehrer in Not einzelne Schüler als Anstifter für die Klassenunruhe, die immer schwerer zu dämpfen ist, die den Unterricht erschwert und dem Lehrer viel Kraft abverlangt, in die Hände der „modernen" Medizin schicken, damit diese die Kinder mit Präparaten wie Ritalin, ein Amphetamin und als solches ein Aufputschmittel, versorgt werden mit dem geschätzten Effekt, dass dann diese Unruhestifter wieder in die Spur kommen.

Als homöopathischer Arzt beginne ich die Untersuchung mit der Anamnese, bei der alles erfragt wird, was Einfluss auf das Kind hatte: die genetischen Belastungen durch die Großeltern und Eltern, der Verlauf der Schwangerschaft, die Geburt, die Versorgung des Kindes danach, die Kindertagesstätte, der Kindergarten und die ersten Schuljahre. Ich frage nach den Eltern und den Geschwistern als Familie, nach Trennungen, nach Erkrankungen des Kindes und wie die Behandlungen erfolgten. Wenn schon nicht der Geburtsmodus mit einer schematischen und arzneigesteuerten Geburt auffiel, die in einem Drittel der Fälle im Kaiserschnitt endet, so überraschen die ersten Kinderjahre mit wiederkehrenden Nasen-, Rachen-, Bronchial- und Ohrenentzündungen, gegen die regelmäßig schleimlösende und antibiotisch wirkende Medikamente verabreicht wurden. Im Rückblick erstaunt immer wieder heute, wie viele nebenwirkungsreiche und bedenkliche Arzneien den Kleinkindern in den ersten Kinderjahren zugemutet wurden. Das hat System, weil es so viele Kinder in Deutschland und auch in europäischen Ländern betrifft. Da diese verschleimten Kinder nach Ohrenentzündungen so schlecht hören, werden bald die Rachenmandel (Adenoide), die die Belüftung der Ohren behindert, operativ entfernt und Röhrchen in das Trommelfell gelegt. Das ist heute die häufigste Operation bei Kindern, was früher zu Zeiten der Pockenimpfungen der Blindarm war. Auf der Suche nach den Gründen für dieses Massenproblem kam ich auf den Impfkalender, der ab dem 3. Lebensmonat beginnt. Bereits in den 80er Jahren notierte ich in jeder Anamnese die Impftermine und konnte diese mit den nachfolgenden Erkrankungen korrelieren. Mehr noch: Bald setzte ich das Impfen aus, zunächst ein Jahr, dann zwei und drei Jahre bis ich ab 1990 das Impfen vollständig einstellte. Verblüffend anders und erwartungsgemäß normal – leben wir doch in einem Wohlstandsland – entwickeln sich diese nicht geimpften Kinder. Das erste Lebensjahr verläuft ohne Probleme. Bis zum Kindergarten bleibt das Kind in der Regel gesund. Anschließend in der Gemeinschaftseinrichtung stellen sich Infekte ein, die als ein Immuntraining die soziale Kompetenz verbessern, ohne dass Medikamente außer homöopathische erforderlich sind. Ich überblicke heute eine große Zahl von Erwachsenen, die diesen ungestörten Lebenslauf aufweisen und noch nie ein konventionelles Medikament eingenommen haben. Verständlich ist, dass deren Schul- und Berufsentwicklung recht ungestört verlaufen.

Damit lag recht bald der Fokus auf den Impfpräparaten, die von ärztlicher und staatlicher Seite so vehement gefordert werden. Bei genauerer Betrachtung der Inhaltsstoffe wurde schnell klar, dass hier bedenkliche Gifte eingespritzt werden, die bevorzugt das Gehirn und das Abwehrsystem beschädigen. Im Mittelpunkt der zahlreichen Schadstoffe aller Totstoffimpfungen steht Aluminium, welches vor dem 20. Jahrhundert Menschen nie gefährdet hat, hier als ionisiertes (elektrisch geladenes) Element auftaucht, das in den Stoffwechsel blockierend eingreift. Der erste Effekt ist die Auslösung von Entzündungen, was an Schleimhäuten zu Dauerkatarrhen führt. Ungesehen sind die versteckten Blockaden im Nervensystem, die als Bewegungsstörungen, Unruhe, Schlafstörungen, Krämpfe und Teildefekte des geistigen Leistungsvermögen früher oder später und variabel in Erscheinung treten. Bei den AD(H)S-Kindern liegen im Gehirn an den Kontakten der Nerven zueinander (Synapsen) Störungen mit einem Mangel an Übertragungssubstanzen (Transmitter) vor. Das Medikament Ritalin bewirkt eine verlängerte Aufenthaltsdauer der Transmitter, so dass die Störungen nachlassen.

Man kann schlicht von einem Hirnschaden sprechen und genau diesen kann ionisiertes Aluminium auslösen und das bereits in einer sehr kleinen Menge von Nanogramm (10 hoch minus 9 Gramm). In einer Totstoffimpfung für Säuglinge befinden sich bereits 10.000 bis 100.000 fach mehr Aluminium-Ionen, als für diesen Schaden erforderlich sind.

Was wollen wir erwarten, wenn wir unseren Kindern diese giftige Fracht bereits im ersten Lebensjahr drei Mal spritzen, gerade wenn sie ihr Nervensystem erst zu entwickeln beginnen. Von ärztlicher Seite verwundert es nicht, dass Schüler später immer leistungsschwächer, konzentrationsgestörter und unwilliger angesichts der geforderten Lernarbeit sind. Diese Vergiftungsfolgen sind heute die „kranke Normalität“, die der Gesellschaft und ihren Kindern zugemutet werden.

Viele weitere Faktoren der Beschädigungen aus Nahrung, Wasser und der Luft schließen sich an. **Aber nichts ist verheerender in der Wirkung, wenn es wie die Impfungen so früh und wiederholt eingespritzt wird.** Das Auffrischen von Impfungen, was impftechnisch „Boostern“ heißt, um die Abwehr nochmals zu reizen, ist nichts anderes als eine „Allergisierung“ auch aller potenten Begleitsubstanzen. Diese Epidemie moderner Zeiten, die sich als Neurodermitis, Asthma bronchiale oder Heuschnupfen gestaltet, erlaubt ebenso wenig das ruhige und konzentrierte Sitzen und Lernen in der Schule und begleitet häufig die mit AD(H)S gestörten Kinder.

Unter diesen Bedingungen in die Schule einzutreten, macht verständlich, was Herr Klammrodt nachfolgend berichtet, was er als Lehrer erlebt, in 40 Jahren beobachtet hat und nun anklagt.

Dr. med. Friedrich P. Graf
Homöopath
Plön

Vorwort

Schule und AD(H)S (Verhaltensstörungen als psychiatrische Krankheit) – dieser Zusammenhang ist leicht einsichtig. Verhaltensgestörte Kinder können Lehrkräfte immens belasten, dem Lernklima schaden und die anderen Kinder in der Klasse beim Lernen behindern, besonders wenn erstere in größerer Zahl auftreten und die Störung sehr ausgeprägt ist.

Was aber haben Impfungen, wohl eher ein medizinisches Thema, mit Schule und AD(H)S zu tun? Genau diese Frage hat mich, einen ehemaligen Lehrer, veranlasst, dieses Buch zu schreiben und darauf eine möglichst schlüssige Antwort zu geben.
Dabei kommt mir zugute, dass ich Schulkinder über einen Zeitraum von 40 Jahren beobachten konnte und in den ersten Jahren meiner Dienstzeit – das war das Besondere – noch Kinder unterrichten durfte, die sich durch mustergültiges Sozial- und Lernverhalten auszeichneten. Von AD(H)S keine Spur! Dann begann sich in deren Verhalten, bis zum Zeitpunkt meiner Pensionierung, eine Wende zum Negativen zu vollziehen. Verhaltensgestörte Kinder prägten mehr und mehr Schule und Unterricht. (In Kapitel 2.1.1 „Eigene Erfahrungen als Lehrer“ habe ich dieses Phänomen ausführlich beschrieben.) Weder mit Erziehung noch Psychotherapie war dieser krisenhaften Entwicklung wirklich beizukommen. Die Anwendung von Psychopharmaka, meist Ritalin, etablierte sich zur Standardtherapie, da man sich nicht mehr anders zu helfen wusste.

Ich sehe es als ein großes Glück an, durch familiäre Erfahrungen und Kontakte zur Naturheilkunde die Erkenntnis gewonnen zu haben, dass die genannten Störungen sehr häufig (meistens?) auf die moderne Zivilisationskost und – vor allem – auf die vielen **Impfungen** zurückzuführen sind und sich mit speziellen Methoden erfolgreich behandeln lassen. (Näheres in Kap. 3) Natürlich passt das überhaupt nicht ins Bild, beteuern doch die Impfbetreiber unablässig, Impfungen seien die wirksamste präventive Waffe gegen gefährliche Krankheiten, gravierende unerwünschte Wirkungen seien äußerst selten.
Es ist mir ein Anliegen, mit diesem Buch Lehrkräften und Eltern einen Weg aufzuzeigen, wie unseren zahllosen in Not geratenen Kindern, unter Beachtung der Impfproblematik, wirksam und gefahrlos, ohne Psychopillen, geholfen werden kann – mit dem Nebeneffekt, dass die Lehr-

kräfte Schulehalten wieder, wie früher, als eine ganz überwiegend freudvolle Tätigkeit erleben können.

Impffolgen körperlicher Art, welche ebenfalls viel öfter als offiziell behauptet auftreten, werden in diesem Buch nur am Rande erwähnt. Eine allgemeine Debatte, ob Impfungen generell mehr nützen oder mehr schaden, findet ebenfalls nicht statt.

„Schule – AD(H)S – Impfungen" – das ist auf jeden Fall ein spannendes Thema!

1. Einführung – Was bedeuten AD(H)S, ADHS und ADS?

Verhaltensauffällige Kinder geraten überwiegend durch einen übermäßigen Bewegungsdrang (Hyperaktivität) in den Fokus von Erwachsenen. In der Regel gesellt sich Unaufmerksamkeit dazu, was vor allem für das schulische Lernen von Belang ist.

Die Wissenschaft misst diesen Verhaltensstörungen den Rang einer Krankheit bei und verwendet heute meist die Bezeichnung **„Aufmerksamkeits-Defizit-(Hyperaktivitäts)-Syndrom"**, abgekürzt **AD(H)S.**

Das „H" in Klammern zeigt an, dass dieses Syndrom sowohl MIT als auch OHNE Hyperaktivität auftritt. Es stellt die häufigste psychiatrische Erkrankung im Kindes- und Jugendalter dar. 5-10 Prozent unseres Nachwuchses gelten als AD(H)S-betroffen, Jungen etwa vier mal häufiger als Mädchen.

Wenn man speziell den hyperaktiven Typ meint, kann man das Kürzel auch ohne die Klammern beim „H" schreiben, also: ADHS.
Leitsymptome des ADHS (mit Hyperaktivität):

- Aufmerksamkeitsschwäche (leicht ablenkbar, können nicht zuhören)
- Hyperaktivität (übermäßiger Bewegungsdrang, nur kurzzeitiges Stillsitzen)
- mangelnde Impulskontrolle (können nicht abwarten)

Begleitsymptome können sein: oppositionelles Verhalten, Wutausbrüche, geringe Frustrationstoleranz, mangelhafter Ordnungssinn, Streitsucht, Missachtung von Regeln und manches mehr.

Das Spektrum der ADHS-Symptome ist breit gefächert. Es reicht von leichten Verhaltensauffälligkeiten über deutlich undiszipliniertes Verhalten bis hin zu aggressiven Handlungen. (Bei „leichten" Auffälligkeiten wird aber normalerweise ein AD(H)S nicht diagnostiziert! Nenne man sie ADHSler „im Wartestand".)
Für AD(H)Sler des hyperaktiven Typs ist die Zahl der Kinder in ihrer Schulklasse von immenser Bedeutung. Je kleiner die Lerngruppe, desto schwächer zeigen sich die Symptome. Bereits die bloße Anwesenheit anderer Kinder löst bei ihnen Ablenkung und Störverhalten aus. 20 Kinder in der Klasse sind für sie oft schon viel zu viel, 10 bis 14 Kinder könnte als ideal angesehen werden. In speziellen Fällen – abhängig vom Kind und vom Unterrichtsfach – ist die Kleinstgruppe mit etwa höchstens 4 Kindern erforderlich. Im Extremfall geht es nur mit Einzelunterricht.
Ähnlich verhält es sich mit der Schulgröße. Kleine, übersichtliche Schulen verleihen dieser Klientel Sicherheit. Schulsysteme von etwa 800 und mehr Kindern, wo es naturgemäß anonym zugeht, verkraften ADHS-Kinder schlecht. Sie führen bei ihnen zu Verunsicherung oder verstärken diese. Die Neigung zu gemeinschaftsschädigenden Verhaltensweisen kann dramatisch zunehmen. Je kleiner die Schule, desto seltener und schwächer ausgeprägt sind die ADHS-Symptome.
Die Krankheit selbst wird allerdings auch durch kleine Schulen und Klassen nicht beseitigt. Psychisch stabilen Kindern hingegen bereiten größere Schulsysteme in der Regel keine Probleme.

Wenn man speziell den hypoaktiven Typ meint, kann man beim Kürzel das „H" weglassen, also: ADS.
Leitsymptome des ADS (ohne Hyperaktivität):

- Aufmerksamkeitsschwäche (wie beim ADHS)
- Hypoaktivität (introvertiert, depressiv, ängstlich, weinerlich, verträumt, einzelgängerisch)

Begleitsymptome: geringe Frustrationstoleranz, mangelhafter Ordnungssinn, plötzliche Stimmungsschwankungen, im Unterricht „Brett vorm Kopf" und manches mehr.

Die hypoaktiven Kinder sind gegenüber den hyperaktiven deutlich in der Minderzahl. Auch sie fühlen sich wohler in überschaubaren Schulen und kleinen Klassen. Im Gegensatz zu den aufmüpfigen Hyperaktiven wird ihnen in der Schule verständlicherweise nur wenig Beachtung geschenkt, da sie meist brav auf ihrem Platz bleiben und den Unterricht nicht stören. Sie werden die Schule niemals ins Chaos stürzen. Dass sie im Unterricht nur wenig mitbekommen, wird meistens als ein Zeichen von Überforderung oder mangelnder Intelligenz gewertet. Hyperaktive, unter denen sich überwiegend Jungen befinden, bauen innere Spannungen durch hyperaktives Verhalten ab und verschaffen sich dadurch – wenn auch nur vorübergehend – Erleichterung und sogar ein gewisses Wohlbefinden. (Dass diese Art des Spannungsabbaus letztlich keine echte Lösung darstellt, da sie auf Kosten der Allgemeinheit geht, steht auf einem anderen Blatt.) Diese Fähigkeit fehlt den Hypoaktiven. Sie fressen – überwiegend sind es Mädchen – alles Belastende in sich hinein, wodurch sich deren psychische Labilität noch weiter verstärkt. Nach außen erscheinen sie ruhig, innerlich sind sie stark aufgewühlt.

Im weiteren Verlauf dieses Buches wird durchgängig die Bezeichnung „Aufmerksamkeits-Defizit-(Hyperaktivitäts)-Syndrom“, abgekürzt AD(H)S, verwendet. In den allermeisten Fällen handelt es sich dabei um Kinder des hyperaktiven Typs.

2. Schule und Kinder heute – eine Bestandsaufnahme

2.1 Verhalten von Schulkindern

2.1.1 Eigene Erfahrungen als Lehrer (1966-2006)

Als ich nach meinem Studium an der Pädagogischen Hochschule in Hannover 1966 meinen Dienst als Grundschullehrer in Strackholt, einem kleinen ostfriesischen Bauerndorf, antrat, hatte ich es wirklich noch mit den „lieben Kleinen“ zu tun. Hyperaktivität war ein Fremdwort. Die Kinder, selbst die Erstklässler, konnten durchweg konzentriert zuhören, längere Zeit still sitzen und dem Unterricht aufmerksam

folgen. Stets waren sie mit Eifer bei der Sache. Ernsthafte Auseinandersetzungen unter ihnen waren eine Seltenheit. Eigenschaften wie Lernfreude, Konzentrationsfähigkeit, Ausdauer, Rücksichtnahme usw. waren, von seltenen Ausnahmen abgesehen, die Norm. Vierer-Tischgruppen waren Standard. Partner- und Gruppenarbeit klappten hervorragend. Man konnte die Kinder an einer sehr langen Leine führen. Auch die Lernleistungen konnten sich sehen lassen.
Selbst mit pubertierenden Jugendlichen – ich absolvierte 1964 in einer 7. Volksschulklasse in Hannover ein vierwöchiges Praktikum und unterrichtete in meinen ersten Dienstjahren zeitweise auch in den Klassen 7-9 – gab es niemals ernste Probleme.
Mir bekannte Kollegen aus verschiedenen Schulformen, gestandene Lehrer als auch Berufsanfänger, wussten Ähnliches zu berichten. Unterrichten war in der Regel eine Freude, oft sogar ein Vergnügen.

Wer damals mit Schulkindern nicht zurecht kam, hatte seinen Beruf verfehlt. Dabei waren die äußeren schulischen Bedingungen nach heutigen Maßstäben „grottenschlecht". Meistens wurden mehr als 30 Kinder in einer Schulklasse unterrichtet, nicht selten – sogar im 1. Schuljahr – weit mehr als 40. Auf das Leben und Lernen in der Gruppe waren nur wenige Kinder durch Kindergarten oder Vorschule vorbereitet. Die Ausstattung der Schulen mit Lehr- und Lernmitteln sowie technischen Geräten war äußerst mager. Vervielfältigungsgeräte waren nur von primitivster Art vorhanden, wenn überhaupt. Um so besser war das Schüler-"Material"!!!

Etwa zehn Jahre später (Mitte der 70-er Jahre) begann sich diese heile Schulwelt langsam zum Negativen hin zu verändern, was ich mir lange Zeit nicht recht erklären konnte. Da machten erstmals Kinder (meistens Jungen), zunächst nur einzelne, mit bis dahin nicht gekannten aggressiven und anderen gemeinschaftsschädigenden Verhaltensweisen auf sich aufmerksam, verbunden mit einem über die Jahre stetig zunehmenden Nachlassen der Konzentrationsfähigkeit. Im Laufe eines Unterrichtsvormittages wurde es mit ihr immer schlechter. In den 5. und 6. Unterrichtsstunden war bei einigen Kindern die Aufmerksamkeit kaum noch aufrecht zu erhalten. Immer mehr Kinder entwickelten ein AD(H)S.
Für Außenstehende ist es kaum glaublich, welch völlig verändertes Bild die Kleinen von heute bieten – Problemkinder über Problemkinder, mit

steigender Tendenz. Begriffe wie hyperkinetisch, hyperaktiv und überaktiv sind ein Teil der Alltagssprache geworden.
In den 1990-er Jahren verstärkten sich derartige Erscheinungen deutlich (Näheres dazu in Kap. 3.9). Unterrichtsstörungen sowie kleinere und größere Auseinandersetzungen in den Pausen, an den Bushaltestellen und in den Bussen zwischen den Kindern waren an der Tagesordnung. Beleidigungen und Fäkalsprache schienen immer mehr Kindern Freude zu machen. Die Tugenden von einst waren weitgehend verloren gegangen. Natürlich betraf das nicht alle Kinder.

An meiner ländlichen Grundschule traten und treten Verhaltensstörungen glücklicherweise relativ moderat auf. Doch kann ich mich gut – das war nach 1995 – an drei Jungen, glücklicherweise in verschiedenen Klassen, erinnern, die psychiatriereifes Verhalten an den Tag legten. Sie waren in der Lage, den ganzen Unterricht lahm zu legen. Um einen geordneten Unterricht zu gewährleisten, war es unumgänglich, Unterrichtsformen und -stil den veränderten Umständen anzupassen. Das hieß z.B.: Partner- und Gruppenarbeit wurden weitgehend gestrichen, da diese Arbeitsformen immer wieder zu Streitereien unter den Kindern führten. Der Unterricht wurde – notgedrungen – wieder lehrerzentrierter, frontaler, was in „grauer Vorzeit“ gang und gäbe war, aber inzwischen eigentlich als überwunden galt. Dabei sind die durchschnittlichen Klassenfrequenzen an meiner Grundschule inzwischen auf deutlich unter 20 Kinder gesunken.
Der Normalbürger denkt bei Verhaltensauffälligkeiten meistens nur an Unruhe, Aggressivität und Zerstörungslust. Sie können sich aber auch auf sehr subtile Art äußern, etwa so wie es der Hamburger Erziehungswissenschaftler Prof. Werner Lauff beschreibt: *„Heutigen Kindern fehlt fast durchweg der gewinnende Charme völlig gesunder Kinder, von denen man das Auge nicht abwenden kann.“* Auch eine solche harmlos erscheinende Veränderung sollte zu denken geben.

Parallel zur Zunahme von Verhaltensstörungen war ein ständiges Absinken der Lernleistungen zu verzeichnen. Immer häufiger versagten Kinder in der Schule trotz normaler oder gar überdurchschnittlicher Intelligenz, in extremer Weise in der Rechtschreibung. Auch ein mit nicht unerheblichem Aufwand betriebener Förderunterricht konnte die auftretenden Schwächen meistens nur höchst unzureichend ausgleichen.

Die von mir erlebten Schulen früher und heute unterscheiden sich also extrem voneinander. Dabei stellen sich – hier nehme ich etwas vorweg – die Probleme jenseits der Grundschulzeit, wo die Kinder nicht nur älter und kräftiger sind, sondern auch in weitaus größeren Systemen beschult werden, noch wesentlich dramatischer dar, vor allem in der Hauptschule.

Seit zehn Jahren befinde ich mich im Ruhestand. Dennoch interessiere ich mich immer noch sehr für alles, was mit Schule zu tun hat. Auch Gespräche mit noch aktiven Lehrkräften kommen nicht zu kurz. So weiß ich gut Bescheid darüber, wie sich die Schulsituation aktuell entwickelt.

Ganz habe ich auch den direkten Kontakt mit Kindergruppen nicht verloren, da ich mich im örtlichen Sportverein als Tischtennistrainer betätige. Zur Zeit trainiere ich wöchentlich jeweils eine Stunde lang eine Gruppe von Kindern im Grundschulalter. Dabei stelle ich fest, dass selbst bei einer Veranstaltung in der Freizeit das AD(H)S ständig präsent ist. Es fällt auf, dass etliche Kinder immer wieder auf Bauch, Po und Rücken über den Hallenboden rutschen, vor allem zu Beginn des Trainings, manchmal auch zwischendrin. Nicht-Zuhören-Können und geringe Ausdauer zeigen sich auch beim Sport. Die Kinder einfach an den Platten eine etwas längere Zeit spielen lassen geht überhaupt nicht. Möglichst alle zehn Minuten muss etwas Neues gemacht werden. Wie in der Schule lassen sich die Mädchen auch hier deutlich leichter führen als die Jungen.

Dennoch komme ich mit der Kinderschar recht gut zurecht. Meine Erfahrungen als Lehrer und mein Wissen um die AD(H)S-Problematik kommen mir dabei zugute. Das Tischtennistraining mit den Kleinen hat mir deutlich gemacht, dass Verhaltensstörungen seit meiner Pensionierung weiter zugenommen haben. Manchmal frage ich mich, wie das unterrichtende Personal bei solch unruhigen Kindern noch die Konzentration erreichen kann, welche zumindest in den „Denkfächern" unbedingt erforderlich ist.

Viele andere Menschen, die pädagogisch tätig sind (meist Lehrkräfte), haben sich ebenfalls auf unterschiedliche Weise mit der angesprochenen Problematik auseinandergesetzt. Auf deren Publikationen greife ich in den folgenden Kapiteln zurück. Auch einige Studien sind dabei.

Zunächst kommen drei Lehrer zu Wort. Sie haben ihre Beobachtungen und Eindrücke aus der Schule, in der sie einst unterrichteten, jeweils in Buchform veröffentlicht. Es sei vorweggenommen, dass alle drei die heutige Schulwirklichkeit in recht düsteren Farben darstellen. Sie haben sich auch mit von ihnen angenommenen Ursachen der Malaise und den zu ergreifenden Gegenmaßnahmen beschäftigt. Darauf wird jedoch in diesem Buch nur am Rande eingegangen, da die Bücher lediglich zur Bestandsaufnahme der heutigen Schulsituation herangezogen werden.

2.1.2 Horst Hensel: „Die neuen Kinder und die Erosion der alten Schule“

Horst Hensel (Jg. 1947) war viele Jahre an der Gesamtschule in Kamen (NRW) als Lehrer tätig, Schon frühzeitig – vor 1993 – beschäftigte er sich mit der immer auffälliger gewordenen Schülerschaft und schreibt in dem Buch – er spricht von Essay – „Die neuen Kinder und die Erosion der alten Schule“ (Erstausgabe 1993) seine Erfahrungen auf. Er bezeichnet die heutigen Kinder als „neue Kinder“. Das Buch ist vorwiegend auf die Klassen 5 und 6 bezogen, also die Eingangsstufe der Sekundarstufe I.
Die folgenden Zitate sind der 7. Auflage seines Buches (Erscheinungsjahr 1995) entnommen.

> *„Viele Lehrerinnen und Lehrer erfahren jährlich mit jeder Eingangsklasse ihrer Schule, dass sich die Arbeit mit den neuen Kindern schwieriger anlässt, als zu Beginn ihrer Berufstätigkeit oder noch vor zehn Jahren. Das Sozialverhalten und die Arbeitshaltung der Kinder befremdet. Das Eingeständnis von Schwierigkeiten und der Beginn einer Aussprache darüber erfolgt in der Regel zögernd. Es ist so, als ob man ... nicht glauben will, was man doch in jeder Unterrichtsstunde und im Kontakt mit Eltern erfährt – und als ob man den neuartigen Problemdruck durch zuwenig qualifizierte Arbeit selbst verschuldet hätte. Dabei sind die angedeuteten Probleme ... seit langem bekannt, sie zeigen sich in allen Schulen – die stetige und graduelle Entwicklung dazu scheint aber inzwischen eine neue Qualität erlangt zu haben.“* (S. 19)

„Neue Kinder“ sind in großer Zahl *„nervös, können sich schlecht konzentrieren, bedürfen immer neuer Reize ... , können nicht mit sich allein sein, behalten wenig, strengen sich kaum an.“* (S. 19)

„Viele Kinder ... scheinen nicht zu begreifen, dass Lernen eine Tätigkeit ist und jede Tätigkeit Mühe kostet. Unterrichtsgespräche lassen sich mit den ‚neuen Kindern' kaum noch führen. Sie können nicht zuhören. Die Anzahl der ‚guten Schüler' nimmt ab, die Anzahl der ‚schlechten' nimmt zu." (S.20/22)

„Es gibt kaum ein Thema und kaum eine Unterrichtsmethode, die es Unterricht interessant finden lässt. Demzufolge unterhält es sich während des Unterrichts, ruft in die Klasse hinein, hält keine Regeln des Umgangs ein." (S. 22) – *„Es wird aggressiv, wenn es am Ausleben seiner Individualität behindert wird – als Jungen häufiger denn als Mädchen."* (S.22)

„Die skizzierten Phänomene zeigen sich natürlich nicht nur im Unterricht, sondern auch bei schulischen Veranstaltungen wie Feiern, Fahrten und Herbergsaufenthalten. Bei letzteren wird besonders deutlich, wie viele Kinder nichts mit sich und anderen anzufangen wissen und ständig der Animation bedürfen, um nicht über Langeweile zu klagen und destruktiv zu werden." (S. 21)

„Auffällig ist die Zunahme gewaltsamer Lösungen von Konflikten. Beschimpfungen und Schmähungen von Lehrkräften nehmen zu. Hierbei ist bei manchen Kindern inzwischen die Absicht wirksam, die gegnerischen Ansichten oder den gegnerischen Menschen nicht bloß abzuwehren oder zu dominieren, sondern ihn durch Einschüchterung oder Schmerz als ‚Gegner' dauerhaft auszuschalten". (S. 20)

Hensel meint, seine Äußerungen würden auf Schüler jeden Alters zutreffen. Noch seien die „neuen Kinder" aber in der Minderzahl. (Diese Aussage stammt aus dem Jahr 1995.)

Es habe auf die 1. bis 6. Auflage seines Buches überwiegend zustimmende Reaktionen gegeben. Die ablehnenden seien ausschließlich aus seiner eigenen Schule, der entsprechenden Stadt und vom zuständigen Kultusministerium gekommen.

2.1.3 Bernhard Heinrich Lott: „Schule am Abgrund"

Bernhard Lott (geb. 1950, gest. 2008) war Lehrer an einer Realschule in Karlsruhe. In seinem Buch mit dem vielsagenden Titel „Schule am Abgrund" (1. Aufl., 2004) vermittelt er den Leserinnen und Lesern einen Einblick in die – damals – aktuelle Schulsituation. Er bezieht sich auf eigene Beobachtungen an seiner Schule, zitiert aber auch Aussagen und Einschätzungen von Kollegen aus verschiedenen Schulen und von anderen Personen, auch Ämtern, die mit Schulkindern zu tun haben.

Aus Lotts Buch einige Leseproben:

> *„Seit 1990 habe sich die Zahl der verhaltensauffälligen Schüler verdoppelt, konstatiert das Oberschulamt Karlsruhe."* (S. 19)

Schulkinder ohne Manieren

> *„Seit Jahren machen wir Lehrer beunruhigende Beobachtungen: Die Akzeptanz überkommener Verhaltensweisen bei unseren Schülern nimmt rapide ab. ... Zu grüßen, ruhig an seinem Platz zu sitzen, konzentriert mitzuarbeiten, seine Hausaufgaben zu machen, pünktlich zum Unterricht zu erscheinen, seinen Abfall nicht auf dem Boden zu verstreuen oder dem Lehrer höflich zu begegnen ist nicht mehr selbstverständlich, wird mehr und mehr zur Ausnahme. Verstöße gegen die Schulordnung versuchen die Schüler zu relativieren: ‚Da ist doch nichts dabei! Das machen doch alle!'"*(S. 109)

Verlust wertvoller Unterrichtszeit durch ständige Störungen

> *„Schätzungsweise 10 bis 20 % wertvoller Unterrichtszeit gehen heute durch die permanenten Störungen verhaltensauffälliger Schüler verloren. Reden, Herumlaufen, Herumschreien und Streiten unterbrechen den Verlauf des Unterrichts, machen Ermahnungen notwendig, hemmen den Lernfortschritt der gesamten Klasse und kosten die Pädagogen unverhältnismäßig viel Nervenkraft."*
> *„Das Unterrichten hat sich mit der starken Zunahme verhaltensauffälliger Schüler schon in der Grundschule zu Schwerstarbeit entwickelt."* (S. 23)

Ohne Ruhe, Konzentration und Disziplin kein Lernen möglich

> *„Schüler sind nach übereinstimmender Beobachtung der Pädagogen zunehmend nicht mehr in der Lage, über längere Zeiträume still zu sitzen und sich auf eine gestellte Aufgabe zu konzentrieren. Ohne Ruhe und Disziplin aber kann Bildung nur schwer vermittelt werden."* (S. 22/23)

„Ohne Lerndisziplin ist konzentriertes Lernen unmöglich. Unerzogene Schüler hemmen den Lernfortschritt und verhalten sich in höchstem Maße unsozial gegenüber ihren lernwilligen Kameraden. Dass heute so viele Pädagogen ausgelaugt, ausgebrannt und schulmüde sind, geht vor allem auf das Konto dieser unerzogenen Schüler, denen im Schulalltag nur sehr schwierig beizukommen ist.“ (S. 43)

Massive Störungen bei Besuch einer Ausstellung

„Der Besuch einer Gemäldeausstellung mit einer 8. Klasse wird für die beiden begleitenden Lehrer und den jungen Führer zur Tortur. Zwei Drittel der Schüler stören in einem solchen Ausmaße, dass sich erwachsene Besucher bei der Ausstellungsleitung beschweren.“ (S. 77)

Verletzungen in der Sprache

„Schulleiter Genthner muß sich täglich Worte anhören, ‚die ich nie in den Mund nehmen würde‘. Zum Beispiel sei ‚Fick Deine Mutter‘ ein ganz normaler Spruch auf dem Pausenhof der Heilbronner Rosenauschule.“ „Für Pädagogen werden ‚Verletzungen in der Sprache‘ immer normaler. Wenn Sie einen Lehrer vor 30 Jahren eingefroren hätten und ihn heute wieder auftauten und unter die Schüler schickten, der würde die Welt nicht mehr verstehen.‘“ (S. 74/75)

Resignierte Pädagogen

„Nicht wenige Lehrer haben mittlerweile vor solchen Auswüchsen kapituliert und ziehen den bequemeren Weg vor: stillschweigende Akzeptanz von Fehlverhalten, Resignation bei Ruhestörungen im Unterricht, Rückzug in die Privatsphäre, Sehnsucht nach dem Ruhestand, Flucht in außerschulische Aktivitäten: Nach uns die Sintflut!“ „Immer mehr Pädagogen sind nicht mehr bereit, nicht mehr nervlich in der Lage, aber oft auch nicht mutig genug, die Regelverstöße unserer Jugendlichen anzumahnen und entsprechend zu bestrafen.“ (S. 116)

2.1.4 Philipp Möller: „Isch geh Schulhof“

Philipp Möller, Jahrgang 1980, ist Diplompädagoge. Nach dem Studium der Erwachsenenbildung wagte er den Quereinstieg als Lehrer und unterrichtete zwei Jahre lang an Berliner Grundschulen (Klasse 1-6).

Da er sich angesichts der vielen verhaltensauffälligen Kinder den immensen Belastungen nicht mehr gewachsen fühlte, gab er seine Tätigkeit als Lehrer auf. In seinem Buch „Isch geh Schulhof" (1. Aufl. 2012) schreibt er seine Erlebnisse aus jener Zeit in großer Offenheit nieder.

Statt Vermittlung mathematischer Kenntnisse Nachhilfe in den Grundregeln des friedlichen Zusammenlebens

Nur selten komme Möller in seiner Matheklasse dazu, die Kinder Mathematik zu lehren. Er sehe sich gezwungen, Tag für Tag „Nachhilfe in den Grundregeln des friedlichen Zusammenlebens" zu geben: wie Konflikte mit Worten statt mit Schlagen gelöst würden, dass andere nicht beleidigt werden dürften, wann man Bitte und Danke sage. „Die meisten von ihnen sind permanent unruhig und legen ein wahrhaft bestürzendes Sozialverhalten an den Tag." An manchen Tagen treibe ihn das Schulleben fast in den Wahnsinn. (S. 55)

Ungezügelte Aggression in der Sportstunde

Zum Stundenbeginn warf Möller ein paar Bälle zum Spielen in die Halle. Ali, der als erster die Halle betritt, schieße, laut um sich schreiend, alle Bälle wie wild in der Gegend herum. Dann komme er zum Lehrer und erzählt, dass in der Umkleidekabine der Jungen eine Prügelei stattfinde. Möller rase dorthin und sieht, wie Oktay von drei Jungen festgehalten werde. Dieser wirke, „als würde er vor Wut gleich explodieren." (S. 137)

Mathematikstunde in Klasse 4

Nach der Stunde verlassen die Kinder brüllend die Klasse. Möller sei geschockt. „Die meisten der Kids beherrschen weder das Einmaleins, noch sind sie in der Lage, einfache Rechenoperationen im Kopf durchzuführen." Von Längenmaßen scheinen sie noch nichts gehört zu haben. Die sprachlichen Fähigkeiten seien bei vielen Kindern sowieso katastrophal. Die meisten Schüler könnten sich höchstens zwei Minuten konzentrieren. „Sie lenken sich gegenseitig ab, beschimpfen sich und mich, springen über Tische und Bänke, sobald man nicht hinsieht". (S. 40)

Im folgenden Zitat bringt Möller die von ihm erlebte Schulwirklichkeit auf den Punkt:

„Konfrontiert mit ADHS, massiven sprachlichen Defiziten, mit Lese-Rechtschreib-Schwäche, Dyskalkulie, Schuldistanz, der offenen Diskriminierung von Frauen und Mädchen, geringer Frustrationstoleranz, hoher Gewaltbereitschaft und verschiedensten emotional-sozialen Störungen wie Kontaktschwierigkeiten, Angstzuständen oder mangelnder Empathie, bestand für mich jeden Tag die Gefahr, am Schulalltag zu verzweifeln." (S. 349)

2.1.5 Hamburger Lehrerin: Elternbrief

Lydia Winter (Name geändert) – sie unterrichtete an einer kleinen Grundschule am Rande von Hamburg – hatte sich im Dezember 2013 in einem fünfseitigen Brief an die Eltern ihrer Klasse, ein 1. Schuljahr, gewandt, um sich über das ungezogene Verhalten ihrer Sprösslinge zu beklagen. Anlass war ein Ausflug in die Kunsthalle, bei dem sie sich disziplin-, rücksichts- und respektlos, aggressiv und desinteressiert zeigten. Mit bemerkenswerter Offenheit beschrieb sie die haarsträubenden Vorkommnisse. Einige Eltern übergaben den Brief der HAMBURGER MORGENPOST (MOPO), die ihn in Auszügen veröffentlichte.

Die Lehrerin habe sich für das völlig unakzeptable Verhalten ihrer Klasse in der Kunsthalle geschämt und sich beim Museumspersonal entschuldigt.
Nach dem Verteilen von Malutensilien habe sich eine „Klopperei" entwickelt. Der Museums-Führerin wurde mit Fäkalsprache geantwortet.
Die Kinder malten auf dem Fußboden, freud- und anstrengungslos. Anschließend trampelten sie mit dreckigen Schuhen über die Bilder. Am nächsten Tag erklärte ein Kind, es hätte so gehandelt, weil es ihm langweilig war. Andere Besucher der Kunsthalle „steigen über Butterbrotpapiere, Rucksäcke und Kinder." Selbst nach Aufforderung seien die Kinder nicht bereit, Platz zu machen. „Die Mitschüler werden angeschrien, geboxt, getreten und Rucksäcke umhergeschleudert. Ein älterer Herr bekommt auch einen ab. Eine Entschuldigung ist nicht zu erwarten."
Bei der Heimfahrt sähen die Kinder nicht ein, dass sie am Hauptbahnhof dicht zusammenbleiben müssen. In der Bahn lautes Rülpsen, mit voller Absicht.

Aber auch in der Schule vergäßen die Kinder alle Regeln. „Sie springen mit erhobenen Fäusten wie Ninjakämpfer in die Klasse, semmeln erstmal drei Mitschüler über den Haufen und merken es nicht einmal.“
In teils drastischer Form wirft sie den Eltern Erziehungsversäumnisse vor. „Von Eltern, die ich auf das aggressive Verhalten ihrer Kinder anspreche, ernte ich mildes Lächeln und Erklärungen dafür (Aha: Mit Erklärungen ist also alles erlaubt – weiß bereits das Kind!).“ Sie hätten versäumt, ihren Kindern die nötigen Werte zu vermitteln. *„Die Kinder reagieren schlicht nicht mehr auf ganz ‚normale‘ Hinweise und Äußerungen – egal von wem! Eltern, Lehrer, Begleiter oder auch fremde Museumspädagogen stoßen auf taube Ohren.“*
Trotz allem sei sie fest entschlossen, „aus dieser Klasse doch noch mitfühlende, aufmerksame, respektvolle und respektierte Kinder zu machen.“

<u>Quelle</u>
www.Grundschule in Harburg: Wutbrief einer Lehrerin: „Ich schäme mich für die Kinder!“ | Nachrichten - Hamburger Morgenpost.de

Der Schulleiter hat den Brief ebenfalls unterschrieben. Das Problem sei nicht auf die Klasse dieser Lehrerin beschränkt.
Bei den Eltern sorgte der Brief für ein geteiltes Echo.

Dieser Brief, von der MOPO „Wutbrief“ genannt, hatte in der Öffentlichkeit hohe Wellen geschlagen. In der online-Ausgabe der MOPO erschienen daraufhin ungewöhnlich viele Kommentare, mehr als 600. Fast alle Kommentatoren pflichteten der Lehrerin bei. Sie hätten ebenfalls häufig solche unerzogenen Kinder erlebt. Verhaltensweisen dieser Erstklässler seien keine Ausnahme, sie seien beispielhaft.

Die Grundschule von Lydia Winter umfasst 120 Kinder, liegt am Stadtrand von Hamburg und hat ein eher ländliches Flair. Ihr Einzugsbereich stellt keinen sozialen Brennpunkt dar. Als besondere Attraktion werden auf dem Schulgrundstück Esel, Schafe, Ziegen, Hühner und einige andere Tiere gehalten. Unter diesen Voraussetzungen müssten sich Schulkinder hier „eigentlich“ richtig wohl fühlen und sich auch entsprechend benehmen.

2.1.6 Altgediente Lehrerin

Die Psychologin Susanne Stoll-Kellenberger (Zürich) lässt eine Wieder-Einsteiger-Lehrerin reden: „Vor 40 Jahren hatte man etwa 40 Schüler in einer Klasse und konnte damit rechnen, dass 30 zuhören. Heute hat man 20 Schüler und weiß, dass niemand zuhört!“ (S. Stoll-K.: Herr im eigenen Hause?, unveröffentlicht)

2.1.7 Zeitungsmeldung: Haupt- und Realschule in Ostfriesland

Selbst im ländlichen, abgelegenen Ostfriesland gibt es extrem schwierige Kinder. Im Rahmen eines Zeitungsartikels (Ostfriesen-Zeitung vom 24.11.2000) geht Burkhard Schäfer, Rektor an der Haupt- und Realschule in Friedeburg, mit seinen Sorgen an die Öffentlichkeit. Er könne in letzter Zeit an seiner Schule einen solchen Anstieg von Problemen mit Schülern feststellen, wie er es noch nie zuvor erlebt hätte. „Da gibt es Schüler, die stören den Unterricht so massiv, dass für die anderen Kinder kein normaler Unterricht mehr möglich ist. Bedrohungen, Lügen und Schläge sind an der Tagesordnung. Von Mitschülern wird Geld erpresst. Wer sich dagegen wehrt, wird verprügelt.“ Derartige Probleme seien nur durch Einstellung von Sozialpädagogen in den Griff zu bekommen.

2.1.8 Lehrer am Ende – Rütli-Schule Berlin-Neukölln

Vorfälle an der Rütli-Schule in Berlin-Neukölln hatten vor einigen Jahren eine ganze Nation aufgeschreckt. Dort ging es nicht nur um einzelne Kinder oder Klassen. Eine ganze Schule drohte im Chaos zu versinken. Verzweifelte Lehrer kapitulierten vor der Eskalation der Gewalt.

Der SPIEGEL, der sich dieses Themas angenommen hatte, titelte in Heft Nr. 14 (03.04.06) „Gewalt im Klassenzimmer. Wenn Lehrer nicht mehr weiter wissen.“
Es war im März 2006, „da schockte ein Brief die Republik. Drei Seiten, verabschiedet von der Gesamtlehrerkonferenz, verfasst von Petra Eggebrecht, kommissarische Schulleiterin. Ein Brandbrief. Eine Anklage. Eine Bankrotterklärung. Und zugleich ein Schrei nach Hilfe.“
Frau Eggebrecht schreibt:

> *„Wir müssen feststellen, dass die Stimmung in einigen Klassen zurzeit geprägt ist von Aggressivität, Respektlosigkeit und Ignoranz uns Erwachsenen gegenüber ... Die Gewaltbereitschaft gegen Sa-*

chen wächst: Türen werden eingetreten, Papierkörbe als Fußbälle missbraucht, Knallkörper gezündet und Bilderrahmen von den Wänden gerissen ... Täter können in den wenigsten Fällen ermittelt werden. ... In vielen Klassen ist das Verhalten im Unterricht geprägt durch totale Ablehnung des Unterrichtsstoffes und menschenverachtendes Auftreten. Lehrkräfte werden nicht wahrgenommen, Gegenstände fliegen zielgerichtet gegen Lehrkräfte durch die Klassen, Anweisungen werden ignoriert. Einige Kollegen/innen gehen nur noch mit Handy in bestimmte Klassen, damit sie über Funk Hilfe holen können."

„Das hat es noch nicht gegeben, jedenfalls wurde so etwas bisher nicht bekannt. Immer wieder mal sind in den vergangenen Jahren Schulen ins Blickfeld gerückt, ... dass der ganz normale Irrsinn des Alltags zur öffentlichen Kapitulation eines Kollegiums führt, das war neu."

(DER SPIEGEL, 14/06 „Die verlorene Welt")

Es gebe derartige Exzesse nicht nur im Berliner Problembereich Neukölln, so der SPIEGEL. An der Rütli-Schule offenbare sich nur die Spitze des Eisbergs. Der Landesvorsitzende der Polizeigewerkschaft, Bodo Pfalzgraf, erklärte: „Unter Fachleuten schätzt man die Zahl derart problematischer Schulen in Berlin auf etwa 30."

Der damalige Innenexperte im Bundestag, Wolfgang Bosbach (CDU), „hält die Vorgänge an der Rütli-Schule für keinen Ausnahmefall. An etlichen weiteren Schulen in Deutschland bestünden ähnliche Probleme".

2.1.9 Michael Winterhoff – Psychiater, Buchautor, Referent

Michael Winterhoff bezieht seine Kenntnisse über Verhaltensstörungen bei Kindern und Jugendlichen naturgemäß schwerpunktmäßig aus seiner Praxis für Kinder- und Jugendpsychiatrie. Offensichtlich ist er aber auch sehr gut darüber informiert, was Kinder in der Schule so alles „anstellen" und wie sie den Schul- und Unterrichtsbetrieb beeinträchtigen. Aus seinen Büchern geht hervor, dass er zum lehrenden Personal in Kontakt steht.

In den nun folgenden Ausführungen beziehe ich mich, wenn nicht anders vermerkt, auf seine Bücher „Warum unsere Kinder Tyrannen werden" (6. Aufl. 2010, Erstauflage 2008) und „SOS Kinderseele" (1. Aufl. 2013).

Auffällige Kinder vielfach aus intakten Familien

Winterhoff kenne von pädagogisch tätigen Menschen zur Genüge die Klagelieder über die scheinbar hoffnungslose Lage bei Kindern und Jugendlichen. Ein großer Teil verhalte sich respektlos und sei „ohne jede Orientierung an allgemein verbindlichen Werten und Normen". Dabei kämen sie vielfach aus intakten Familien, „bei denen die üblichen Erklärungsmuster wie ‚schwierige Kindheit', ‚kaputte Familie' oder ‚ungünstiges soziales Umfeld' nicht greifen." (Tyrannenbuch, S. 16)

Bei den Eltern, die mit ihren Kindern seiner Praxis aufsuchten, „handelt es sich keineswegs um Familien aus prekären sozialen Verhältnissen." Sie gehörten überwiegend der bürgerlichen Mittel- und Oberschicht an. (Tyrannenbuch, S.27)

Problematisches Sozialverhalten

Bereits Grundschüler wiesen massive Probleme auf: notorisch unaufmerksam, äußerst geringe Konzentrationsfähigkeit, hochproblematisches Sozialverhalten. Sie träten wie kleine Tyrannen auf und verhielten sich Gleichaltrigen gegenüber körperlich und verbal extrem aggressiv. Die Fähigkeit, sich in eine Gruppe zu integrieren, sei nicht einmal ansatzweise vorhanden. (Tyrannenbuch, S. 46)

Ständiger Geräuschpegel während des Unterrichts

Besuch einer Schulklasse in einer normaler Unterrichtsstunde an einem deutschen Gymnasium: Es herrsche ein ständiger Geräuschpegel, der früher undenkbar gewesen wäre. Das mache ein geregeltes Unterrichtsgespräch so gut wie unmöglich. „Irgendein Kind redet immer, hört Musik oder macht andere geräuscherzeugende Dinge, die mit dem Unterricht rein gar nichts zu tun haben." (Tyrannenbuch, S. 66)

Das muss zu denken geben, gilt doch das Gymnasium als die Schulform, in der sich die Schülerschaft noch am diszipliniertesten verhält.

Winterhoff beanstandet, dass sehr häufig weder die Verhaltens- noch die Leistungsproblematik heutiger Kinder realistisch gesehen wird, von Lehrkräften als auch von Therapeuten:

Bei Diagnose und Therapie sei festzustellen, dass sich die Maßstäbe verschoben haben. Was früher als pathologisch erkannt worden

wäre, hätte heute zum Teil den Status des Normalen angenommen. „Je mehr Kinder eine bisher als Fehlentwicklung diagnostizierte Störung zeigen, desto eher wird diese Störung schleichend als weniger schlimm, akzeptabel und irgendwann als normales Verhalten empfunden.“ (Tyrannenbuch, S. 65)
„Die Messlatten bei Leistungsanforderungen und sozialem Verhalten werden verändert, und zwar im Sinne einer ständigen Anpassung nach unten.“ Das werde jedoch nicht auf einer Schulkonferenz beschlossen, sondern es geschehe kaum merkbar nach außen. (Tyrannenbuch, S. 67)
Auf die Frage, ob die Klassenarbeiten nach außen besser aussehen, als sie sind, antwortet eine Lehrerin: „Ja, sicher. Würden wir dieselben Maßstäbe anlegen wie noch vor einigen Jahren, könnte so manche dieser Klassenarbeiten gar nicht gewertet werden.“ (Tyrannenbuch, S. 71) *Eine andere Lehrerin, an einer katholischen Hauptschule, habe berichtet, „dass ihre Schüler im Schnitt mindestens eine ganze Note besser benotet würden, als es ihren Leistungen entspräche.“* (Tyrannenbuch, S. 142)

Bei einer solchen Notengebung wird das Absinken der Schulleistungen verschleiert.

Das nun folgende Zitat ist einem Interview des Luxemburger WORT vom 5.12.2013 mit Winterhoff entnommen. Als die emotionalen und sozialen Defizite junger Menschen angesprochen wurden, antwortete er:

> *„Das war bis Mitte der Neunziger völlig anders. Damals konnten alle Kinder der vierten Klasse auf dem Stuhl sitzen bleiben, wie selbstverständlich. Sie waren lernwillig, wissbegierig, haben ihre Lehrerin anerkannt und ihre Aufgaben gemacht. Das heißt, es bestand eine Schulreife. Wenn Sie heute in eine Schule gehen, ist da manchmal landunter. Kinder liegen auf dem Tisch oder darunter. Wenn die Lehrerin sagt, nehmt das Deutschbuch raus, dann werden es nur ein paar Kinder machen.“*

Hier und an etlichen anderen Stellen stellt Winterhoff heraus, dass nach seinem Dafürhalten die Probleme erst Mitte der 1990-er Jahre anfingen. In den Jahren zuvor seien Kinder noch „völlig normal“ gewesen. Da muss man genauer hinsehen. Es ist zwar richtig, dass Ausmaß und In-

tensität von Verhaltensstörungen ab diesem Zeitpunkt schubartig zugenommen hatten. Bis dahin verhielten sich die meisten Kinder tatsächlich noch weniger auffällig, scheinbar normal. Aber nach Erfahrungen von mir, vielen Kollegen (u.a. auch Buchautor Horst Hensel) und anderen pädagogisch Tätigen legten schon viele Jahre vorher, spätestens seit 1980, etliche Kinder ein Verhalten an den Tag, das mit bestem Willen nicht mehr als normal zu bezeichnen ist. Wahrscheinlich wäre auch Winterhoff zu einer anderen Beurteilung gelangt, hätte er die „traumhaften" Kinder, die ich von 1966 bis etwa 1975 noch unterrichten durfte, kennen gelernt. Das war jedoch nicht möglich, da er seine Tätigkeit als Arzt für Kinder- und Jugendpsychiatrie erst ab etwa 1985 auszuüben begann.
Außerdem ist zu bedenken, dass sich AD(H)S-Kinder in der Eins-zu-Eins-Situation absolut vorbildlich, in der Gruppe dagegen völlig daneben benehmen können.
Somit ist Winterhoff an dieser Stelle die gleiche Fehleinschätzung unterlaufen, die er einigen seiner Berufskollegen ankreidet.

Entgegen offizieller Einschätzung sind nach Winterhoffs Dafürhalten 50 Prozent aller Kinder von Verhaltensstörungen betroffen, wobei angenommen werden muss, dass er auch die „harmlosen" Fälle mit einbezieht. In Schule und Beruf sei diese Klientel kaum noch zu gebrauchen.

2.1.10 Studie: „Verhaltensauffälligkeiten bei Grundschulkindern"
Eine elektronische Publikation einer epidemiologischen Studie, erschienen 2003
Detlef Berg und Tim Tisdale
Otto-Friedrich-Universität Bamberg

> *„Die Untersuchung über Verhaltensauffälligkeiten von Grundschulkindern besteht aus einer Reihe von Erhebungen, die in verschiedenen Regionen, in Bamberg [Ende des Schuljahres 1994/95], in Stuttgart [Ende 1996/97], in drei Regionen des Landes Brandenburg [Ende 1996/97], in sieben Bezirken von Berlin [1999/2000], durchgeführt worden sind und hier in Beziehung zueinander gebracht werden. 1308 Lehrerinnen und Lehrer stuften über 27.000 Schülerinnen und Schüler hinsichtlich 21 Verhaltensauffälligkeiten ein."*

Die Hauptergebnisse der Untersuchung:

> *„Die Lehrerinnen und Lehrer in allen Regionen beurteilen Verhaltensauffälligkeiten weitgehend nach identischen Dimensionen. Jungen werden in vielen, aber nicht allen Verhaltensauffälligkeiten häufiger als Mädchen als stark auffällig eingestuft. Fast 20 % der Grundschulkinder (26 % der Jungen und 12 % der Mädchen) werden als so stark auffällig eingestuft, dass ein Beratungsbedarf besteht. Diese Prozentsätze ergeben sich auch, wenn man die Lehrerinnen und Lehrer direkt danach befragt, ob ein Beratungsbedarf besteht. In beinahe 40 % der Klassen gibt es drei oder mehr Kinder, die in mindestens vier Verhaltensauffälligkeiten als stark auffällig eingestuft wurden.* ***In diesen Klassen ist ein geregelter Unterricht kaum noch möglich.“*** (Hervorhebung durch F. Kl.)

(Die vollständige Publikation ist online nachzulesen unter https://opus4.kobv.de/opus4-bamberg/frontdoor/index/index/docId/37.)

2.1.11 Fazit – Kinderverhalten

Die Geschehnisse an der Rütli-Schule sprengen jede Vorstellungskraft. Vergleichbares hat es noch wenige Jahrzehnte vorher nicht gegeben.
Bei Zuständen wie in Neukölln (und in vielen anderen Orten) können Lehrer ihrem Auftrag, Schüler Wissen zu vermitteln, sie zu selbstständigem Denken anzuleiten und zu gemeinschaftlich denkenden und handelnden Menschen zu erziehen, praktisch nicht mehr nachkommen. Sie finden zwar vorzügliche äußere Bedingungen (Räumlichkeiten, Unterrichtsmaterial, technische Hilfsmittel, Entlohnung) vor, doch erweist sich das „Rohmaterial Schüler“ als „kaum bearbeitbar“, da weitgehend erziehungs- und bildungsresistent. Es ist nicht einmal ein nur annähernd befriedigendes Arbeiten möglich. Die Bemühungen der Lehrer erschöpfen sich weitgehend in Versuchen, permanente durch Schüler verursachte Störungen abzuwehren.

Selbst wenn man vom Extremfall Rütli-Schule absieht, machen auch alle übrigen Beiträge aus den Kapiteln 2.2.1 bis 2.2.10 deutlich:
Das lehrende Personal ist generell durch die große Zahl schwieriger und sehr schwieriger Kinder oftmals Belastungen ausgesetzt, die die Grenze des Erträglichen überschreiten. In nicht wenigen Klassen, vor allem in der Sekundarstufe I, ist ein konzentrierter, ungestörter Unter-

richt kaum noch möglich. Unterrichten hat sich zur Schwerstarbeit entwickelt. An Gymnasien scheint es noch am gesittetsten zuzugehen.
So wundert es nicht, dass sich immer mehr Lehrkräfte ausgebrannt und kraftlos fühlen und ihre pädagogischen Fähigkeiten anzweifeln. (Auf die Ursachen solcher betrüblichen Zustände wird in Kap. 3 eingegangen.)

Zeitgenossen, die die gegenwärtige Schule nicht von innen kennen, mögen entsetzt sein. Die von den verschiedenen Buchautoren beschriebene Situation an deren Schulen, durch zahlreiche Beispiele veranschaulicht, ist so dramatisch, wie auch ich es kaum für möglich gehalten hätte. Der Normal-Bürger (Nicht-Lehrer) könnte glauben, die „Berichterstatter" hätten stark übertrieben. Dabei ist noch zu bedenken, dass es, abgesehen von der Rütli-Schule und vermutlich den Grundschulen bei Möller, in allen anderen Fällen keineswegs um Schulen geht, deren Einzugsbereiche einem „Sozialen Brennpunkt" zuzuordnen sind. Im Übrigen war in der Vergangenheit selbst dort in der Regel ein konzentriertes Unterrichten möglich.
Da auch ich mir nicht sicher war, ob speziell die in ISCH GEH SCHULHOF geschilderten haarsträubenden Vorfälle tatsächlich der Wahrheit entsprächen, fragte ich bei Autor Möller per Email nach: „Kann der Leser Ihr Buch als eine Dokumentation der realen Zustände an der Schule betrachten, an der Sie als Lehrer tätig waren? Oder ist da ein gewisser Anteil doch ‚Dichtung'?" Dankenswerterweise erhielt ich postwendend eine Antwort: *„Fiktiv ist ausschließlich die zeitliche Reihenfolge und Dichte der Berichte. Ausgedacht habe ich mir nichts."*
Mit „Dichte" wollte Möller wohl sagen: Die beschriebenen destruktiven Verhaltensweisen von Kindern sind nicht in jeder Unterrichtsstunde aufgetreten, nicht an jedem Tag, auch nicht immer in der beschriebenen Intensität. Selbst in einer als äußerst schwierig bekannten Klasse könnte es hin und wieder Lichtblicke gegeben haben. Kinder mit ausgeprägtem AD(H)S dürften sich auch einmal als friedfertig und lernfreudig präsentiert haben – wie gesagt: nur hin und wieder. Hätte ich mich mit dem gleichen Anliegen an die anderen Autoren gewandt, hätte ich wohl eine ähnliche Antwort erhalten.

Nach offiziellen Angaben wird heute bei 5-10 Prozent aller Kinder ein AD(H)S diagnostiziert. Das wären durchschnittlich zwei pro Schul-

klasse. Hierbei handelt es sich um richtige „Härtefälle", um Kinder, die ohne Therapie in einem sozialen Verband kaum tragbar wären und auf Grund ihrer Aufmerksamkeitsschwäche dem Unterricht kaum folgen könnten. Dennoch könnten Außenstehende meinen, mit so wenigen Problemfällen müsste eine qualifizierte Lehrkraft doch locker fertig werden. Damit hätten sie nicht ganz Unrecht, wenn da nicht noch die vielen AD(H)Sler OHNE entsprechende Diagnose wären. (Man schließe den Fall aus, dass gleich vier oder mehr schwere Fälle in einer Klasse aufeinander treffen.) Sie sind meistens sogar als umgänglich, friedlich und nett zu bezeichnen. Doch weisen auch sie AD(H)S-Symptome auf, nur dass sie schwächer ausgeprägt sind und seltener auftreten als bei den Härtefällen. Fast immer sind auch sie aufmerksamkeitsschwach und wenig lernfreudig und lassen sich – ein Zeichen psychischer Labilität – wiederholt von den diagnostizierten AD(H)Slern zu unerfreulichen Aktionen mitreißen. Somit sind in Wirklichkeit nicht 5-10 Prozent, sondern mindestens 30 Prozent aller heutigen Kinder (eher 50 Prozent) vom AD(H)S betroffen. In einigen Schulklassen liegt der Anteil noch weit höher.
Wenn man auch die „harmlosen" Fälle berücksichtigt, wird verständlich, dass Lehrkräfte mit Schulklassen heute größte Probleme haben, oftmals an ihnen scheitern.

An verschiedenen Stellen dieses Buches wird angemerkt, dass Lehrkräfte, samt Schulleitung, es anscheinend nur selten wagen, das wahre Ausmaß der aufgezeigten Schulprobleme an die Öffentlichkeit zu bringen. Sie könnten wohl fürchten, damit ihr Versagen als Pädagogen einzugestehen und dem Ruf Ihrer Schule zu schaden. Wenn sie es tun, dann meist nur schulintern und im privaten Kreis. Wird die volle Wahrheit aber nicht bekannt gemacht, erhält auch die Schuladministration (von der unteren Schulbehörde bis zum Kultusminister/Kultursenator) kein realitätsnahes Bild von der gegenwärtigen Schulsituation. Die Folge: Es wird weniger intensiv nach Ursachen gesucht und es werden weniger intensiv Gegenmaßnahmen vorgenommen als nötig.

Die an der Rütli-Schule tätigen Lehrkräfte sowie Hensel, Lott und Möller unterscheiden sich wohltuend von solchen ängstlichen Gemütern. Sie haben die Probleme nicht unter den Teppich gekehrt, sondern durch

einen Brief nach außen getragen bzw. in ihren Büchern ungeschminkt die prekäre Lage an ihren Schulen beschrieben und gewagt, ihr Nicht-Weiter-Wissen in verschiedenen Situationen einzugestehen. Lobend äußert sich, bezogen auf den Brandbrief der Rütli-Schule, auch der Publizist Rudolf Maresch: *„Ein mutiger Schritt der Lehrer, der nicht hoch genug veranschlagt werden kann. Dafür sollte den Verfassern baldmöglichst ein Verdienstorden für Zivilcourage verliehen werden, von wem auch immer.“* (Telepolis, Regelschule im Ausnahmezustand, www.heise.de).
Ein besonderes Lob hat auch Lydia Winter für ihren Elternbrief verdient, obwohl sie darin das Fehlverhalten der Kinder sehr einseitig auf Erziehungsversäumnisse im Elternhaus zurückführt.

Denkbar ist aber auch, dass viele heutige Lehrkräfte die Situation gar nicht mehr als besonders bedrohlich wahrnehmen. Da nur wenige von ihnen schon in der Zeit vor 1975 unterrichtet haben, können sie sich kaum vorstellen, dass Kinder auch ganz anders sein können. Sie könnten es als völlig normal ansehen, dass Kinder stets voller Probleme stecken. Es gehöre eben zum Erziehungsauftrag der Schule, ihnen erst einmal Manieren beizubringen. Mit häufigen Unterrichtsstörungen müsse man leben und das Beste daraus machen.

Könnte es aber nicht sein, dass die verschiedenen Berichterstatter bei der negativen Bewertung ihrer erlebten Schulsituation einer Fehleinschätzung zum Opfer gefallen sind: ich selbst, sechs weitere Lehrkräfte, ein komplettes Lehrer-Kollegium sowie ein Kinder- und Jugendpsychiater? Das ist durchaus möglich. Doch die Ergebnisse der in Kap. 2.2.10 vorgestellten, nach wissenschaftlichen Standards durchgeführten Studie aus den Jahren 1994 bis 2000 bestätigen eindrucksvoll, dass die subjektive Einschätzung der genannten Personen in vollem Umfang der Wirklichkeit in sehr vielen heutigen Schulen entspricht. Eine Kernaussage der Studie sei noch einmal wiedergegeben: *„In beinahe 40 % der Klassen gibt es drei oder mehr Kinder, die in mindestens vier Verhaltensauffälligkeiten als stark auffällig eingestuft wurden. In diesen Klassen ist ein geregelter Unterricht kaum noch möglich.“*
Das ist, zumindest für Grundschulen, ein erschreckend hoher Wert. Und bis heute, im Jahr 2016, hat sich die Situation nicht verbessert, sondern sie ist noch schwieriger geworden.

Diese niederschmetternde Schlussfolgerung aus der Studie verliert etwas an Brisanz, wenn man berücksichtigt, dass gerade in den Jahren, als die Studie lief (1994-2000), Probleme mit Verhaltensgestörten eskalierten, die Lehrkräfte von dieser Entwicklung regelrecht überrollt wurden und sie sich daher darauf noch nicht eingestellt hatten, waren doch wenige Jahre zuvor die Kinder insgesamt gesehen noch wesentlich umgänglicher. In den nachfolgenden Jahren wusste man mit schwierigen Kindern schon besser umzugehen, ohne sie allerdings wirklich in den Griff zu bekommen. Zudem sieht man heute vieles als „normal“ an, was vor 20 Jahren noch als krankhaft galt, worauf auch Winterhoff gern hinweist. Eine Auswertung der Studie nach heutigen Maßstäben hätte vermutlich zu günstigeren Ergebnissen geführt. Außerdem stehen dem Lehrkörper inzwischen zahlreiche Hilfskräfte zur Seite: Sozialarbeiter, Förderlehrer, Beratungslehrer, kommunale Familienhilfe usw. Dadurch lässt sich das Störverhalten auch stark verhaltensauffälliger Kinder ein wenig abfedern, jedoch niemals beseitigen.

2.2 Schulleistungen

In Kapitel 2.1 ging es schwerpunktmäßig um problematisches Kinderverhalten, wobei hin und wieder Bemerkungen auch zu Lernleistungen einflossen, die ebenfalls zur Sorge Anlass geben.
Im Folgenden werden fast ausschließlich schwache Lernleistungen dokumentiert, vorwiegend (katastrophale) Rechtschreibleistungen.
Aufgrund unterschiedlicher Begabung erbringen Kinder unterschiedliche Lernleistungen. So beruhen Lernschwächen oftmals auf Minderbegabung, wobei dennoch durch zusätzliches, intensives Üben, am besten im Einzelunterricht, erfreuliche Verbesserungen zu erreichen sind.
Speziell in diesem Kapitel – wie eigentlich im gesamten vorliegenden Buch – handelt es sich durchgehend um Lernstörungen, genauer gesagt um die stetige Zunahme dieser Störungen in den letzten vier Jahrzehnten. Gemeint sind Kinder, die trotz durchschnittlicher oder gar überdurchschnittlicher Intelligenz in einzelnen oder mehreren Fächern versagen, häufig sogar trotz intensiven Übens.

2.2.1 Beherrschung der Kulturtechniken – Sprachfähigkeit

Sprach- und Rechtschreibfähigkeit heutiger Kinder nimmt der bereits erwähnte Michael Winterhoff ins Visier.

Auch massive Störungen im Bereich der sprachlichen Entwicklung seien zu beklagen. So befänden sich Fünfjährige noch auf einer so niedrigen Sprachstufe, dass sie kaum in der Lage seien, elementare Bedürfnisse verständlich zu artikulieren. Hinzu kämen: weitgehende Unkenntnis grammatikalischer Besonderheiten, falsche Aussprache von Buchstaben, Sprechen in unvollständigen Sätzen und manches mehr. Früher gehörten sprachliche Defizite in seiner Praxis zu den Ausnahmen, heute seien sie zur Regel geworden. (Tyrannenbuch, S. 45/46)

Aus dem Gespräch mit einem Berufsschullehrer (technisch-handwerkliche Richtung):

„Das Leistungsniveau ist in erschreckendem Maße gesunken.“
„Meine Schüler haben einen ganz normalen Hauptschulabschluss. Trotzdem befinden sich die Kenntnisse in Mathematik oder beim Lesen auf einem Niveau, bei dem es jeden Lehrer gruselt.“ (SOS Kinderseele, S. 171)
„Die zweite Problemebene ist die Lernbereitschaft. Sie ist nämlich kaum vorhanden. Viele Schüler demonstrieren offen ihre Unlust.“ (SOS Kinderseele, S. 172)

Das nächste Zitat ist dem Buch von Bernhard Lott „Schule am Abgrund“ entnommen.

„Der völlig desolate Zustand der Rechtschreibfähigkeit unserer Schüler zeigt sich dann, wenn der Deutschlehrer es wagt, Diktate zu schreiben, die er vor 25 Jahren schon geschrieben hatte. Dabei stellt sich heraus, dass sich die Fehlerzahl heute im Verhältnis zu früher mehr als verdoppelt hat!“ (S. 29)
„Eklatant verschlechtert hat sich auch die Lesefähigkeit. Ein Viertel der Schüler in 9. Klassen hat heute Schwierigkeiten, selbst einfach konstruierte Texte fehlerfrei zu lesen.“ (S. 31)

Deutschstunde in Klasse 6 – Textstelle aus „Isch geh Schule“ von Philipp Möller

Der Unterricht beginnt mit Vorlesen, wobei ein stilles Lesen des betreffenden Textes vorgeschaltet wird. Die Ergebnisse seien katastrophal. Zudem können lediglich zwei Kinder auf Nachfrage von Möller den Inhalt kurzer Passagen mündlich wiedergeben. Der Mi-

> *grationshintergrund sei nebensächlich. „Ob deutsch oder türkisch, arabisch oder kroatisch: Das Niveau ist länderübergreifend unterirdisch."* (S. 311)

Auch ein SPIEGEL-Artikel (25/2013) befasste sich mit der Rechtschreibung deutscher Kinder:
Viertklässler sollten die Handlung eines kurzen Films schriftlich nacherzählen. Im Jahr 1972 machten sie durchschnittlich gerade einmal 7 Fehler pro 100 Wörter, im Jahr 2009 schon 12 Fehler und 2012 schockierende 17 Fehler. Außerdem erwähnt der Artikel eine Schulleistungsstudie, wonach nur „noch jeder fünfte Neuntklässler die deutsche Orthografie einigermaßen sicher beherrscht" hätte.

2.2.2 Studie: Rechtschreibleistungen 2005 im Vergleich zu 1968

Im Rahmen einer Studie des Max-Plank-Instituts und der Universität Würzburg ließ man im Jahr 2005 152 17-jährige Jugendliche einen standardisierten Rechtschreibtest („Moselfahrt"; Althoff u. a. 1974) schreiben. Die Ergebnisse verglich man mit denen einer Untersuchung aus dem Jahr 1968, wo man das gleiche Diktat mit derselben Altersgruppe durchgeführt hatte. Die Auswertung erbrachte gravierende Unterschiede. 1968 waren es durchschnittlich ca. 10 Fehler, 2005 mit ca. 19 Fehlern fast doppelt so viel. In einem ZEIT-Interview fasst Prof. Dr. Wolfgang Schneider, Leiter der Studie, das Ergebnis folgendermaßen zusammen: *„Ja, wir haben für die Jugendlichen ein Diktat aus den sechziger Jahren genommen. Würde man das Rechtschreibniveau der Schüler von damals zum Maßstab nehmen, wären drei Viertel [also satte 75 %!] der heutigen Kinder Legastheniker."* Somit ist die große Mehrheit der heutigen Jugendlichen der deutschen Schriftsprache nur noch eingeschränkt mächtig. In den sechziger Jahren wären lediglich 15 % der Probanden den Legasthenikern zuzuordnen gewesen.
Die Studienleiter führten dieses niederschmetternde Ergebnis auf den Unterricht zurück, der heute auf Rechtschreibung weniger Wert lege. Ob diese Erklärung so zutrifft, soll in Kap. 3 diskutiert werden.

Anmerkung

Diese Studie ist insofern etwas Besonderes, als hier Schulleistungen aus **verschiedenen Epochen** miteinander verglichen werden. Eine Anwendung auf andere Lernbereiche könnte ebenfalls aufschlussreiche

Ergebnisse erbringen. Diese Form des Leistungsvergleichs ist wesentlich aussagekräftiger als beispielsweise die PISA-Studie (Gleichzeitige Untersuchung der Schulleistungen von Schulkindern aus **verschiedenen Ländern**).

2.2.3 Prof. Christian Pfeiffer: Leistungskrise bei Jugendlichen

Der Direktor des Kriminologischen Forschungsinstituts Niedersachsen, Prof. Christian Pfeiffer, macht sich Sorgen um sinkende Leistungen von jungen Männern in Schule und Beruf. Er sagte bei der Sommertagung des Politischen Clubs der Evangelischen Akademie Tutzing:

„WIR HABEN DIE DRAMATISCHSTE LEISTUNGSKRISE ALLER ZEITEN."

(*Quelle: Ostfriesen Zeitung vom 27.6.2011*)

Wer Pfeiffer kennt, weiß, dass er so etwas nicht einfach dahersagt, sondern sich dabei stets auf eigene sorgfältig angelegte wissenschaftliche Untersuchungen stützt.

Die Aussage beinhaltet auch, dass die Leistungen unseres Nachwuchses vor wenigen Jahrzehnten weitaus besser gewesen sein müssen als in der Gegenwart. Pfeiffer bestätigt damit auch meine persönliche Einschätzung, die ich im Laufe meiner Dienstzeit als Lehrer (von 1966-2006) gewonnen habe. Nach meiner Erfahrung sind aber die Leistungen bei den Mädchen ebenfalls deutlich gesunken, wenn auch nicht so dramatisch wie bei den Jungen.

Dieser Leistungsabsturz ist wieder einmal ein Beispiel dafür, dass die Lehrerschaft unangenehme (Schul-)Wahrheiten selten öffentlich ausspricht. Das bleibt einem Schulexternen überlassen.

Im Übrigen sieht Pfeiffer die Hauptursache dieses Desasters im exzessiven Gebrauch elektronischer Medien. Dieser These wird in Kap. 3.8 nachgegangen.

2.2.4 Studie: „Sprachalarm im Kindergarten"

So lautet die Überschrift eines Artikels in der Maiausgabe 1996 von PSYCHOLOGIE HEUTE. Sprachstörungen bei Kindern hätten rapide zugenommen. Der Artikel beruft sich auf eine Studie aus dem Jahr 1995, geleitet von Professor Manfred Heinemann, Direktor der Mainzer Klinik für Kommunikationsstörungen. Kinder im Alter von vier Jahren wurden auf ihr Sprachvermögen untersucht. „Den Ergebnissen seiner eigenen Untersuchungen wollte Heinemann zunächst nicht glauben –

so schockierend klangen die Zahlen über gestörte Sprachentwicklung, die er und sein Team …festgestellt hatten: Bei fast jedem vierten Kind im Vorschulalter beobachteten die Forscher eine verzögerte Sprachentwicklung. ‚Davon sind 25 Prozent hochgradig gestört, 25 mittelgradig und 50 Prozent weisen leichtere Störungen auf', berichtet Heinemann. Nach ausführlichen Untersuchungen aus den achtziger Jahren [1982] wären maximal vier, nicht aber 25 Prozent Sprachentwicklungsstörungen zu erwarten gewesen." Die Zahlen aus Mainz seien keine Ausreißer in der Statistik. Das Problem gebe es überall, auch in ländlichen Regionen. Ursache für die ermittelte Sprachverzögerung sei – so Heinemann – „sprachliche Deprivation". „Dass Kinder zu wenig sprächen, habe es zwar früher schon gegeben, doch diese Gruppe sei heute ‚sehr viel größer'. Plausible Erklärungen für die sprachliche Deprivation scheinen auf der Hand zu liegen: Berufstätige Eltern haben faktisch zu wenig Zeit für ihre Kinder". „Viele sehen im Vormarsch der elektronischen Medien … eine zentrale Erklärung für den Verlust von Sprachkultur."

Kommentar: Das Medien-Argument erscheint in DIESEM Fall nicht überzeugend. Bei Vierjährigen spielen Fernsehen und Co. noch keine entscheidende Rolle, anders natürlich bei älteren Kindern. Somit ist es sehr fraglich, ob der dramatische Anstieg von Sprachstörungen bei kleinen Kindern innerhalb von zehn Jahren (von vier auf 25 Prozent!) der Mediennutzung anzulasten ist.

2.2.5 Fazit – Lernleistungen

Es ist offensichtlich: Die Lernleistungen unserer Kinder sind bedenklich gesunken.

Das bezeugen in besonderer Weise die vorgestellten drei Statistiken/ Studien zu Rechtschreibleistungen und Sprachfähigkeit. Die Ergebnisse sind zahlenmäßig untermauert und vermitteln somit ein objektives Bild von den heutigen prekären Schulleistungen. Wie beim AD(H)S wird die subjektive Einschätzung der Lernleistungen seitens der verschiedenen „Berichterstatter" somit objektiv bestätigt.

Einen hohen Stellenwert hat auch der Hinweis von Prof. Pfeiffer auf die desaströsen Schulleistungen: *„Wir erleben die dramatischste Leistungskrise aller Zeiten."*, wobei die ihr zugrunde liegenden Studien nicht vorgestellt werden konnten.

Sollten unsere Kinder dümmer geworden sein? Das möchte doch wohl niemand ernsthaft annehmen. Es müssen sich auf breiter Front Lern**störungen** entwickelt haben.
Das soll an der Rechtschreibung, wo der Leistungsabstieg am augenfälligsten ist, kurz erläutert werden. Wenn eine Rechtschreibstörung vorliegt, beruht sie meistens, von wissenschaftlicher Seite anerkannt, auf einer Störung der Sinnesverarbeitung, was selbst manchen hochintelligenten, übungsfleißigen Kindern widerfährt. Die Wissenschaft misst ihr Krankheitswert bei und nennt sie Lese-Rechtschreib-Schwäche (LRS) oder Legasthenie. Tatsächlich treten Schwächen im Lesen und Schreiben bei einem Kind häufig nebeneinander auf, aber selten in gleich starker Ausprägung.
Bei einer stark ausgeprägten LRS ist im Klassen-Unterricht nicht viel zu erreichen, da hilft oft nur eine spezielle Therapie.

In der Studie „Sprachalarm im Kindergartenalter" wird bei vielen untersuchten Vierjährigen eine verzögerte Sprachentwicklung (eine Form von Sprachstörung) festgestellt. Sie ist nicht den Lernstörungen zuzuordnen, bereitet ihnen aber den Weg. Sprachstörungen bleiben meistens bis ins Schulalter bestehen, da sie auch durch Therapien selten vollständig zu beseitigen sind. Wer die gesprochene Sprache nur mangelhaft beherrscht, bekommt in der Schule große Schwierigkeiten in fast allen Fächern, besonders natürlich in Deutsch (Lesenlernen, Rechtschreibung, Aufsatz). Alle Lehrer kennen das oft als unlösbar erscheinende Problem Legasthenie, das sich wie eine Seuche ausgebreitet hat. Der Schulerfolg ist in hohem Maße von der Beherrschung der Muttersprache abhängig.

3. Ursachen und Gegenmaßnahmen bezüglich Verhaltens- und Lernstörungen

3.1 Klassische Maßnahmen wenig wirksam

Politik und Schuladministration haben die aufgezeigten Probleme (Verhaltens- und Lernstörungen) wohl erkannt, doch bei Weitem nicht in ihrem tatsächlichen Ausmaß. Auch der Normalbürger ahnt nicht, was

sich heutzutage innerhalb der Schulmauern wirklich abspielt. Seit vielen Jahren versucht man, dieser Entwicklung durch eine Reihe von Maßnahmen entgegenzuwirken. Sozialpädagogen, speziell ausgebildete Förderschullehrer und anderes zusätzliches Personal unterstützen die Lehrkräfte. Tatsächlich vorhandene oder vermeintliche Erziehungsdefizite im Elternhaus sowie Lerndefizite sollen kompensiert werden.
Seit einigen Jahren werden immer mehr Schulen zu Ganztagsschulen umfunktioniert. Man will dadurch nicht nur den Müttern die Berufstätigkeit erleichtern und die Kinder bei den Hausaufgaben unterstützen, sondern ihnen auch vielfältige Freizeitaktivitäten an den Nachmittagen als Alternativen zur Überhand nehmenden Nutzung elektronischer Medien anbieten, wodurch man sich – mittelfristig – einen positiven Einfluss auf das Verhalten und die Lernleistungen der Kinder erhofft.
Auch außerschulisch ist man nicht untätig geblieben. Es werden psychotherapeutische Maßnahmen empfohlen und durchgeführt. Familien mit schwierigen Kindern werden Familienhelfer zur Seite gestellt. Wenn das nicht reicht, werden die Kinder aus ihrer Familie geholt und anderen befähigten Familien in Obhut gegeben oder – als ultimative Maßnahme – in ein Heim der staatlichen Jugendhilfe eingewiesen.

Alle erwähnten Maßnahmen sind sehr kostenintensiv und belasten die öffentlichen Kassen enorm.
Da Deutschland zu den reichsten Ländern der Erde gehört, wäre es als Unterlassungssünde zu werten, an den Kindern sparen zu wollen. Allerdings sollte man schon genau hinsehen, ob die angestrebten Ziele auch erreicht werden. Bezüglich des Kinderverhaltens wird man ehrlich feststellen müssen, dass der Erfolg aller Maßnahmen bisher äußerst gering ist und in keinem angemessenen Verhältnis zum finanziellen Aufwand steht. Ist es in den letzten Jahren durch all diese Maßnahmen wirklich gelungen, Lernfreude, Konzentrationsfähigkeit, Ausdauer, Rücksichtnahme usw. bei den Kindern nachhaltig zu verbessern? Das kann man nicht wirklich bejahen.
Dennoch lässt diese ernüchternde Bilanz nicht den Schluss zu, all die Interventionen in und außerhalb der Schule wären falsch und überflüssig gewesen. Sie wirft aber die Frage auf, ob man nicht andere, womöglich entscheidendere Aspekte bei der Analyse heutiger Kinderprobleme übersehen hat und somit bei deren Aufarbeitung auf halbem Wege stehen geblieben ist.

3.2 AD(H)S eine Impffolge

Die meisten Menschen, Lehrkräfte eingeschlossen, sehen als Hauptursache von Verhaltensstörungen mangelhafte elterliche Erziehung. Das ist nicht völlig aus der Luft gegriffen. Doch wird dieser Aspekt in aller Regel stark überschätzt.
Viele Fachleute (Ärzte, Psychologen usw.) führen mittlerweile Verhaltensstörungen, das AD(H)S, zunehmend auf eine **Funktionsstörung im Gehirn**, also auf einen neurologischen Schaden zurück. Da dieser genetisch bedingt sei, werden den betroffenen Kindern Ritalin oder andere ähnlich wirkende Psychopharmaka verabreicht, womit man jedoch nur für wenige Stunden die Symptome beseitigt und nicht unerhebliche Nebenwirkungen in Kauf nimmt wie Appetitmangel, Einschlafstörungen, Muskelzucken, leichte Traurigkeit und vieles mehr.
Andere Fachleute – sie führen noch ein Nischendasein – sehen eine maßgebliche Ursache des hirnorganisch bedingten AD(H)S in dem heute üblichen **übermäßigen Impfen** (und auch in der modernen Zivilisationskost). Entsprechend plädieren sie für alternative Therapien. Dieser Ansatz, der den meisten Leserinnen und Lesern sicher noch völlig unbekannt sein mag, soll im Folgenden systematisch erläutert werden.

Der Wirkstoff von Impfstoffen besteht aus abgeschwächten Krankheitserregern oder Antikörpern und wird auf der Basis von tierischem Eiweiß (z.B. Hühnereier, Affennieren, in Einzelfällen Krebszellen und abgetriebene Embryos) gezüchtet. Heute wird er zunehmend gentechnisch hergestellt.
Als Hilfsstoffe werden eingesetzt:

- Quecksilber (Thiomersal), als Konservierungsmittel
- Aluminiumhydroxid, als Wirkstoffverstärker
- Formaldehyd, hält die Vermehrung der künstlich erzeugten Erreger in Grenzen.
- Phenole, Antibiotika und viele weitere chemische Substanzen

Allein der Hilfsstoffe wegen müsste schon der gesunde Menschenverstand an der Ungefährlichkeit von Impfungen zweifeln. Es ist schwer nachvollziehbar, dass die genannten Stoffe, allesamt hochtoxisch, bei denen von allen für die Gesundheit zuständigen Stellen vor einem Kon-

takt gewarnt wird, mit einem Mal unschädlich sein sollen, wenn sie mit Impfstoffen in den Körper gebracht werden. Aber auch das im Wirkstoff enthaltene tierische Eiweiß halten impfkritische Mediziner nicht für harmlos, da es Allergien verursachen könne.
Solange es Impfungen gibt, hat es immer wieder leichte bis sehr schwere Schäden nach deren Anwendung gegeben. Aber erst 1962 hat der Gesetzgeber beschlossen, bei einem nachgewiesenen Impfschaden einen finanziellen Ausgleich zu leisten. Da Impfschäden nur in Ausnahmefällen gemeldet werden, ist ihr tatsächliches Ausmaß aber wesentlich höher als offiziell angegeben. Außerdem werden Impfschäden oft gar nicht als solche erkannt. Das gilt besonders für „harmlose" Beschwerden wie z.B. erhöhte Infektanfälligkeit, Schlaf- und Sprachstörungen, Neurodermitis, AD(H)S und vieles mehr. Nur offensichtliche, schwere Impfnebenwirkungen (Tod, körperliche und geistige Behinderung usw.) haben – aber erst nach vielen Gerichtsverfahren – eine Chance, als „erstattungspflichtiger Impfschaden" anerkannt zu werden. Trotzdem wirbt das Robert-Koch-Institut (Berlin) seit Jahrzehnten für das Impfen mit dem Spruch: *„Impfungen gehören zu den wirksamsten präventiven Maßnahmen der Medizin. Moderne Impfstoffe sind gut verträglich: bleibende unerwünschte gravierende Arzneimittelwirkungen werden nur in ganz seltenen Fällen beobachtet."* Den Impfbetreibern ist Geheimniskrämerei anzukreiden, bekommen doch die Impflinge bzw. deren Eltern so gut wie nie den Beipackzettel des jeweils verwendeten Impfstoffs ausgehändigt. Somit ist den Patienten jegliche Möglichkeit verbaut, sich selbst über dessen Zusammensetzung, mögliche Nebenwirkungen und andere Fakten zu informieren. Dementsprechend halten die meisten Menschen Impfungen für einen Segen, mögliche Nebenwirkungen für vernachlässigbar. Eine Gefahr in diesem medizinischen Eingriff wird selten gesehen.

Mit Hilfe der Haut und der Schleimhäute ist der menschliche Organismus fähig, eingedrungene Fremd- und Giftstoffe, zumindest teilweise, unschädlich zu machen. Bei den Impfungen werden diese natürlichen Abwehrmechanismen umgangen, da Impfstoffe direkt in die Muskulatur gespritzt werden. Sie gelangen in den Kreislauf und können sich im ganzen Körper ablagern, auch im Gehirn. Besonders gefährlich können Impfungen im 1. Lebensjahr werden, weil dann die Blut-Hirn-Schranke noch nicht vollständig ausgebildet ist und Gifte aller Art ungehindert

ins Gehirn eindringen können. Neurologischen Störungen sind Tür und Tor geöffnet: AD(H)S, Autismus, Angststörungen, Depressionen und vieles mehr. Im ersten Lebensjahr ist unstillbares nächtliches Schreien über Tage, Wochen, manchmal Monate ein untrüglicher Hinweis auf einen Impfschaden und oftmals auf ein beginnendes AD(H)S.
Aber auch im höheren Alter bietet die Blut-Hirn-Schranke keinen vollständigen Schutz vor Giftstoffen. Einige haben die Eigenschaft, diese Schranke zu öffnen. Die Art der Störung hängt davon ab, welchen Hirnbereich es „erwischt" hat.

Ein bekannter Autor, der sich in seinen Büchern und anderen Veröffentlichungen intensiv mit neurologischen Wirkungen von Impfungen befasst, ist der klassische Homöopath Dr.-Ing. Joachim- F. Grätz. Aus einer jahrzehntelangen Berufspraxis heraus schreibt er in seinem Aufsatz „Encephalopathie – Unabdingbare Folge von Impfungen":

> *„Impfungen sind immer hirnaktiv! Ob wir uns dessen bewusst sind oder nicht. Das bedeutet, dass Impfreaktionen bis hin zu schweren Impfschäden vor allem neurologischer Natur sind – also fast mit einem Hardwarefehler vergleichbar – und sich kaum durch Psychotherapie und dergleichen beeinflussen, geschweige denn heilen lassen. So gesehen erscheinen Syndrome wie Hyperaktivität, Legasthenie, Aggressivität, Sprachverzögerung, Autismus und vieles mehr in einem ganz anderen Licht. Es handelt sich demnach um neurologische Störungen im Gehirn mit unterschiedlichem Manifestationsgrad."*
> (Quelle: www.tisani-verlag.de)

In Deutschland gab und gibt es keine Impfpflicht. Es entscheiden allein die Eltern und nicht der Arzt, ob ein Kind geimpft wird oder nicht, auch wenn ihnen oftmals ein falscher Eindruck bei einem Arztbesuch vermittelt wird. Eine einzige Ausnahme stellt die Pocken-Impfung dar. Die Eltern waren gesetzlich verpflichtet, sie bei ihren Kindern zweimal – im 2. und 12. Lebensjahr – vornehmen zu lassen. 1983 wurde sie aus dem Impfkalender herausgenommen.

3.3 Massive Ausweitung der Impfpläne seit 1972

Es bleibt die Frage, warum wir erst seit etwa vier Jahrzehnten bei Kindern ein gehäuftes Auftreten des AD(H)S beobachten, oftmals verbunden mit Lern- und Sprachstörungen. Geimpft wird schließlich schon seit über 100 Jahren. Dennoch war bis etwa 1975 das AD(H)S nahezu unbekannt. Wer hatte damals schon etwas von Hyperaktivität gehört? Eine Antwort findet man, wenn man einmal die offiziellen Impfempfehlungen genauer betrachtet. Dann stellt man fest, dass diese Empfehlungen und damit die Impfpraxis sich in den letzten Jahrzehnten tiefgreifend verändert haben.

Unter dem Dach des Bundesgesundheitsamtes (BGA) gründete sich 1972 in Berlin die STIKO (Ständige Impfkommission). Später, 1994, wurde sie dem Robert-Koch-Institut zugeordnet. Sie war für die Erstellung und Ausgabe von Impfempfehlungen zuständig. Damit begann sich ab 1972 die Impfpraxis grundlegend zu ändern:

- kontinuierliche Erhöhung der Zahl empfohlener Impfdosen: von 5 auf 43 Dosen (für Kinder bis zu 6 Jahren)
- Verlagerung der meisten Impfungen ins 1. Lebensjahr: statt 1 Dose jetzt 36 Dosen (!), was 14 „Pikser" erfordert.
- Verwendung von Mehrfachimpfstoffen – früher nur Einfachimpfstoffe
- Erfindung immer neuer Impfungen: Masern-, Mumps-, Rötel-, Rotaviren-, Pneumokokken-, Meningokokken-, Hepatitis B-, Windpocken- und Rotaviren-Impfung

Die gegenwärtige Impfpraxis birgt nach der Meinung impfkritischer Mediziner wesentlich mehr Gefahren von Impfschäden in sich als die frühere. Das betrifft die hohe Zahl von Impfungen, das frühe Impfen und die Verwendung von Mehrfachimpfstoffen. Insbesondere erhöhe sich das Risiko, eine neurologische Störung und damit ein AD(H)S zu erleiden. Die Reaktion auf Impfstoffe ist von Kind zu Kind sehr unterschiedlich. Je empfindlicher ein Kind, je schwächer das Immunsystem, desto größer ist die Gefahr von Nebenwirkungen, einschließlich AD(H)S-Symptomen. Die folgenden, meist kurzen Beiträge – zahlreiche Fallberichte befinden sich darunter – mögen den engen Zusammenhang zwischen Verhaltensstörungen und Impfungen belegen.

Impfempfehlungen für Kinder bis 6 Jahre (1970-2015)

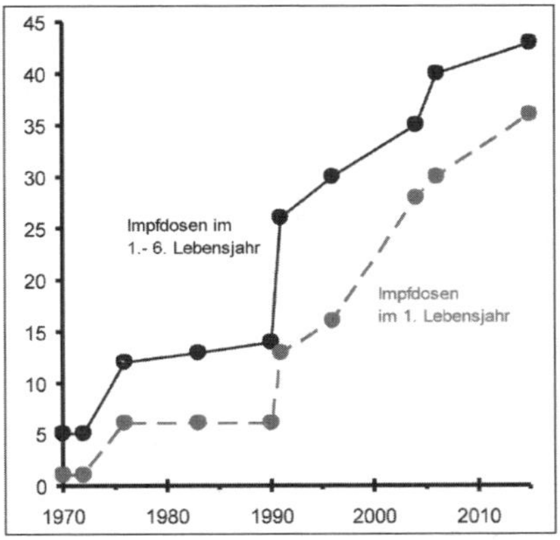

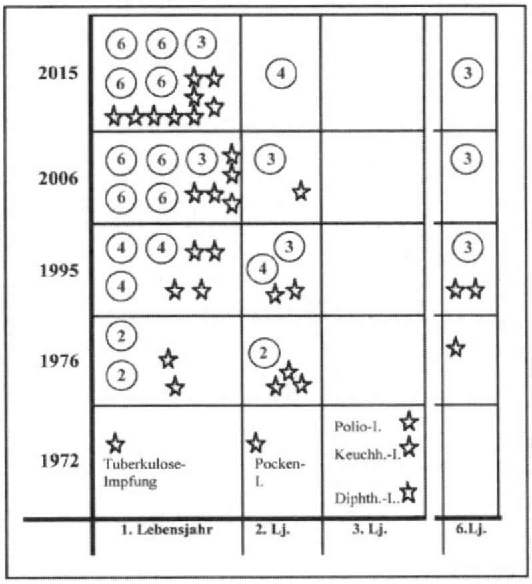

Abb. 1
Quelle: Impfkalender, herausgegeben vom Robert-Koch-Institut, Berlin

Abb. 2
Quelle: wie Abb. 1
☆ = Einzelimpfung
Eingekreiste Zahl bedeutet Mehrfachimpfung
Beispiel: (4) = Vierfach-Impfung

3.4 Erfahrungen mit geimpften und ungeimpften Kindern

- Unser Sohn konnte in den ersten Lebensjahren ausdauernd spielen, er war stets fröhlich, zufrieden und unauffällig. Eine Fünffach-Impfung im Alter von vier Jahren machte dem abrupt ein Ende. Sie verwandelte unser „Vorzeigekind" innerhalb weniger Tage in ein Sorgenkind. Der Junge wurde hyperaktiv mit vielen Begleitsymptomen. Die Pockenimpfung gut zwei Jahre vorher hatte bei ihm keine erkennbaren Schäden hinterlassen.
- Als Lehrer bemerkte ich, dass ab Mitte der 1970-er Jahre – man hatte begonnen, die Zahl der Impfungen beständig zu erhöhen – bei den Kindern Eigenschaften wie Lernfreude, Konzentrationsfähigkeit, Ausdauer, Rücksichtnahme usw. nach und nach verloren gingen.

- Mir sind mindestens 20 Familien bekannt, die Ihre Kinder bewusst nicht oder nur sehr wenig haben impfen lassen. Erziehungsstress sei ihnen unbekannt. Die Kinder bereiteten ihnen fast nur Freude. In der Schule würden sie wegen ihres vorbildlichen Lern- und Sozialverhaltens geschätzt. Diese Klientel unterscheidet sich somit wesentlich von einem Großteil aller Kinder, die zu mindestens 95 Prozent durchgeimpft sind.
- Eine Großmutter berichtet: Kürzlich hatte unsere ungeimpfte Lena mit acht gleichaltrigen Kindern ihren 4. Geburtstag gefeiert. Dabei ist uns erst richtig bewusst geworden, wie sehr sie sich von den meisten anderen Kindern unterscheidet. Beim Kaffeetrinken fiel auf, dass sie und ein Gastkind als einzige ihr Stück Kuchen aufaßen und auch so lange am Tisch sitzen blieben. Die anderen Kinder kauten an dem Kuchenstück, das sie sich selbst aussuchen durften, nur lustlos herum. Sie begannen bald umherzulaufen und aßen dann auch nichts mehr. Bei einem Kreisspiel stellten sich zwar anfangs alle Kinder auf. Aber schon rasch liefen die meisten umher. Bei einem Ratespiel (z. B. Welches Tier macht quak?) gab es einige Dinge, wie z. B. eine großen, bunten Stift, für die richtige Antwort zu gewinnen. Von Anfang an redeten die Kinder alle durcheinander, bald hatten die meisten keine Lust mehr mitzumachen. Nach dem Abendbrot las Opa allen eine Geschichte vor, bis die Eltern zum Abholen kamen. Die meisten Kinder hörten nur wenige Minuten zu. Im Grunde genommen war mit allen Gastkindern nicht viel anzufangen, obwohl sich meine Tochter die größte Mühe gab. Wir konnten das kaum fassen, da wir so etwas bei Lena überhaupt nicht kannten.
  Anmerkung: Die Gastkinder hatten mit großer Sicherheit etwa 25 Impfdosen hinter sich.
- Keines unserer drei Kinder (15 J./12 J./9 J.) ließ ich impfen. Sie erfreuen sich einer blendenden Gesundheit. Der Umgang mit diesen „vielen“ Kindern war und ist in keiner Weise anstrengend oder irgendwie nervenaufreibend. Sie können sich gut selbständig beschäftigen, z.B. mit Lesen. Dem Fernsehen und Computerrausch mit Chatrooms ist noch keins von ihnen verfallen.
  Bis auf einige seltene und harmlose Streitereien verstehen sich die drei sehr gut. Sie sind sehr fürsorglich im Umgang miteinander, aber auch mit anderen Kindern. Von den Lehrern werden sie in den

höchsten Tönen wegen ihrer guten Sozialkompetenz, ihrer guten Arbeitshaltung und auch wegen ihrer guten Lernleistungen gelobt. Sie sind sehr pflichtbewusst im schulischen Bereich und erledigen ihre Hausaufgaben freiwillig und selbstständig.
Mein Mann und ich sind davon überzeugt, dass unsere drei nicht so „normal" wären, wie sie sind, wenn wir sie hätten impfen lassen.
(Bericht einer Mutter, Lehrerin)

- Markus, 4. Schuljahr – Die Klassenlehrerin erwähnt lobend sein Lern- und Sozialverhalten. Im Unterricht arbeite er stets aufmerksam und interessiert mit. Er könne sehr gut zuhören und längere Zeit problemlos stillsitzen. Man merke ihm an, dass er viel Spaß an der Schule hat. Außerdem falle er durch sein zügiges Arbeitstempo auf. Außergewöhnlich gut seien seine Sprachfähigkeit und seine Rechtschreibleistungen. Mit anderen Kindern könne er gut zusammenarbeiten. Auch außerhalb der Schule zeigt der Junge seine liebenswerten Züge. Besonders auffällig ist seine Ausgeglichenheit, er zeigt sich immer bei guter Laune. Man kennt ihn nur mit einem Lächeln im Gesicht. Auch eine Nachbarin, die er häufig gerne aufsucht, gerät ins Schwärmen, wenn sie von ihm spricht. Von seinem freundlichen Wesen sei sie sehr angetan. Er spiele sehr ausdauernd und mit Hingabe, große Freude bereite ihm das Malen.
  Nach Aussage der Eltern hat Markus nur eine einzige Impfung erhalten, und zwar gegen Tetanus im 3. Lebensjahr.
  (ein mir bekannter Junge)
- Ich habe drei völlig ungeimpfte Söhne und kann mit Sicherheit sagen, dass meine Kinder weniger krank sind als andere und schnell wieder gesunden, wenn sie einmal krank sind. Was mir noch deutlicher auffällt ist ihre Persönlichkeitsstärke! Sie sind gesund und aktiv, man kann ihre starke Persönlichkeit spüren. Von ihnen geht eine Lebendigkeit aus, die ich bei geimpften Kindern noch nie gesehen habe.
  Ich genieße ihre ehrliche Lebenslust, ihren ausgeprägten Ideenreichtum, ihre Kraft und ihre Menschlichkeit.
  (Bericht einer Mutter)
- Eine Lehrerin aus Süddeutschland berichtete, sie hätte an ihrer Schule Kinder, die einer in ihrem Dorf stark verbreiteten Sekte angehörten und ausnahmslos verhaltensunauffällig waren. Keines dieser Kinder war geimpft, da die Sekte Impfungen strikt verbietet.

3.5 Fallberichte – Fachleute, die sich in ihren Büchern mit Hirnfunktionsstörungen nach Impfungen befassen

Der niederländische Arzt **Dr. Tinus Smits** hat in seinem Buch „Das Impfschaden-Syndrom“ 35 Fälle aus seiner Praxis dokumentiert. Weitere solcher Berichte – 30 an der Zahl – wurden online auf seiner Homepage veröffentlicht. Kinder mit Verhaltensproblemen, bei denen er Impfungen als Ursache vermutet, behandelt er mit potenzierten (d.h. homöopathisch aufbereiteten) Impfstoffen, auch Impfnosoden genannt. Einer seiner Fallberichte mag Smits‘ Methode verdeutlichen:

> *„Rob (4 J. 6 Mon.): Er war bis zur Mumps-Masern-Röteln-Impfung mit 16 Monaten ein völlig normales Kind. Er entwickelte sich schnell. Schon in der ersten Woche nach der Impfung ging es mit seiner körperlichen und seelischen Entwicklung schnell bergab. Sein Verhalten änderte sich dramatisch: Er wurde aggressiv, im Kindergarten war er nicht mehr tragbar. Sprechfähigkeit und Augenkontakt gingen verloren, er ließ sich nicht tadeln. Nach fünf homöopathischen Behandlungen mit Impfnosoden ist er wieder zugänglich geworden. Er begann zu reden und konnte Sätze mit zwei oder drei Wörtern bilden. Seine Ruhelosigkeit ist verschwunden, er kann Anweisungen folgen. Er ist nun ein normaler Junge. Es ist so, als ob ein dunkler Schleier von ihm gefallen wäre.“* (online-Bericht)

Genauere Erläuterungen zur Therapie mit Impfnosoden finden sich in Kap. 3.9 „Gegenmaßnahmen“.

Im Buch des Amerikaners **Harris L. Coulter** „Impfungen – der Großangriff auf Gehirn und Seele“ nimmt das Thema „Verhaltensstörungen durch Impfungen“ einen breiten Raum ein. Der Autor zeigt auf, dass die AD(H)S-Symptome Hyperaktivität und Aufmerksamkeitsstörung gewöhnlich nicht psychologischen, sondern neurologischen Ursprungs sind und fast immer auf Impfungen zurückgeführt werden können. Seine Thesen illustriert er mit zahlreichen Fallbeispielen.

> *„Mit 15 Monaten war er ein wunderbares Baby. Er aß gut, schlief gut, es gab keine Probleme. ... Sehr gesellig, sprach gut, spielte gut. Das erste, was sich änderte, war sein Verhalten. Nach MMR- und*

DT-Impfungen und der Polio-Schluckimpfung wurde er unkontrollierbar, hyperaktiv. Innerhalb von drei Tagen stellten sich diese Symptome ein: Aufsässigkeit, Hyperaktivität, sein Körper schlaff wie eine Stoffpuppe. Er verlor die Sprech- und Spielfähigkeit.“ (S. 138)

Der folgende Fallbericht ist dem Buch „Sanfte Medizin“ von **Dr.-Ing. Joachim Grätz** entnommen:

Hannes – mit zwei Jahren plötzlich ein „Turbokind“. „‚Bis zu seinem zweiten Geburtstag war Hannes völlig unauffällig, sowohl körperlich als auch psychisch. Kurz danach bemerkten wir dann verstärkte Trotzanfälle, Wutausbrüche auf dem Fußboden und verspätetes Einschlafen am Abend. ...‘ – So steht es im Bericht einer jungen Mutter zu ihrem verhaltensauffälligen Kind. ... ‚In der Schule beschrieb ihn seine Lehrerin als zappelig, ungehorsam, teilweise respektlos und albern, aber auch als guten Schüler im Rechnen, eifrig im Lesen und Schreiben, ... viel besser im Zweierunterricht als in der Gruppenarbeit, wirkt ausgegrenzt beim Spiel, eher ernst, traurig und still.‘ ... In der Schule, jetzt Gymnasium, sei er dominant und möchte immer der Chef sein. Sein Selbstwertgefühl sei aber eher schlecht. Zeitweise sei er sogar depressiv verstimmt und sage schon mal, er möchte nicht mehr leben. Bis zum Alter von zwei Jahren hatte der Bub bereits 23 Impfungen erhalten (DPT, samt HIB und Polio, MMR, BCG). Alles in allem – bis zum Zeitpunkt seiner Vorstellung in der homöopathischen Praxis – gab es, sage und schreibe, 34 Impfungen ... Da muss doch ein kleiner Körper – und sicher auch die Psyche – irgendwie pathologisch oder sonstwie auffällig reagieren ...“. Die homöopathische Behandlung war von dauerhaftem Erfolg gekrönt. Die Mutter konstatierte: „‘Hannes ist viel ruhiger geworden. ... Alles ist bestens, super! Wir standen ja wegen der unruhigen Kinder im Dauerstress. Ich bin so glücklich!‘“

Weitere Ärzte und Heilpraktiker sind mir bekannt, die AD(H)S-Kinder – überwiegend erfolgreich – mit Homöopathie oder Bioresonanz behandelt haben. Diese Therapien werden in Kap. 3.9 näher erläutert.

3.6 Studien/Umfragen zu geimpften und ungeimpften Kindern

Das Robert-Koch-Institut hatte für den von 2003-2006 bundesweit durchgeführten **Ki**nder- und Ju**g**end**g**esundheits**s**urvey, auch KiGGS-Studie genannt, Daten über die Gesundheit von Kindern und Jugendlichen gesammelt und ausgewertet. Die Teilnehmerzahl betrug 17641. Es ist davon auszugehen, dass fast alle geimpft waren.
Im Dezember 2010 starteten www.impfschaden.info und – englischsprachig – www.vaccineinjury.info eine Umfrage zum Gesundheitszustand ungeimpfter Kinder. Mehr als 10000 Personen hatten teilgenommen. Der Vergleich der Ergebnisse der KiGGS-Studie mit denen der Umfrage zeigt, dass ungeimpfte Kinder deutlich gesünder sind als geimpfte. Im Kontext des vorliegenden Buches ist besonders aufschluss-

Vergleich ausgewählter Krankheiten bei KiGGS und Umfrage

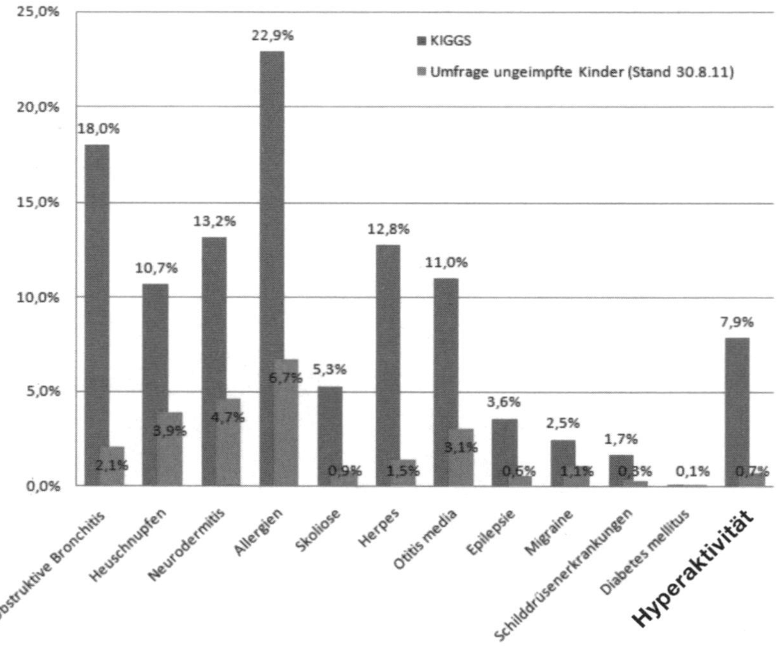

reich, dass bei den geimpften Kindern aus der KiGGS-Studie – in der deutschsprachigen Version – etwa zehnmal so oft Hyperaktivität festgestellt wurde wie bei den ungeimpften aus der Umfrage. In der englischsprachigen Version waren es „nur" vier mal so viel.

Direct comparison KIGGS study and vaccineinjury.info-survey (September 2011)

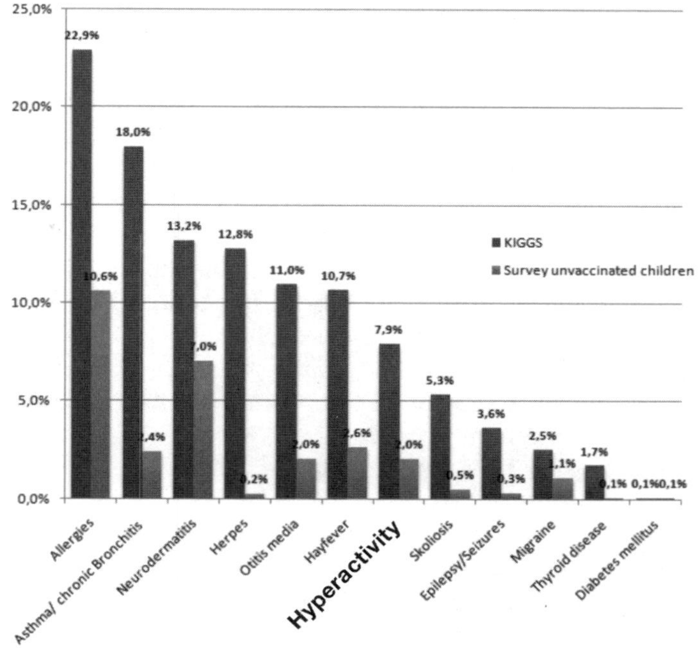

Eine Fragebogenaktion der „Impformation Salzburg" – eine Elterninitiative – liefert bezüglich AD(H)S ebenfalls ein interessantes Ergebnis. Von den 1381 ungeimpften Kindern, die an dieser Aktion teilgenommen hatten, litten nur 0,86 % an AD(H)S. (Zum Vergleich: In Deutschland sind annähernd 10 % aller Kinder vom AD(H)S betroffen.)

3.7 Fallberichte – Lern- und Sprachstörungen nach Impfungen

In den mehr als 100 mir vorliegenden Fallberichten über Kinder mit impfbedingten Problemen, die aus Arzt- und Heilpraktikerpraxen stammen, werden in etwa jedem fünften Bericht Lern- und Sprachstörungen beschrieben. Die folgenden Berichte sind gekürzt, Angaben zu körperlichen Impffolgen weitgehend herausgenommen.

- **Alfred** (8 J.) wird vorgestellt wegen Konzentrationsstörungen, Schwierigkeiten in der Schule und einer Entwicklungsverzögerung. Insbesondere ist die Sprachentwicklung verzögert. Es besteht eine sensorische Wahrnehmungsstörung. Er mag sich nicht gerne ausziehen. Sehr auffallend ist seine Aversion, barfuß zu laufen. Er ist sehr geräuschempfindlich und hat Angst vor Donner bei Gewitter. Wenn er sich konzentriert, hat er einen hochroten Kopf. In der Bioresonanztestung zeigte sich eine Reaktion auf die MMR-Impfung. Unter homöopathischer Therapie mit Silicea LM 6 konnte eine Besserung der Konzentration erreicht werden. Das Kind wurde insgesamt ruhiger. Die Leistungen im Lesen besserten sich. Nach der Therapie mit Kalium carbonicum C 1000 besserten sich auch die Leistungen im Rechnen.
  (Dr. med. Thomas Fein, Ostfriesland)

- **Robbert** (2 J.) war bis zum Alter von eineinhalb Jahren ein nahezu problemloses, gesundes Kind. Dann verliert sich seine harmonisch verlaufende Sprachentwicklung; er wird ungeschickt und zeigt viele Verhaltensauffälligkeiten. Er kann völlig außer Kontrolle geraten. Es verschwindet jeglicher Blickkontakt wie auch seine Wachsamkeit und Fröhlichkeit. Ich beginne seine Behandlung mit einer systematischen Entgiftung aller Impfstoffe, die er bislang erhalten hat. Die markanteste Verbesserung liegt im sprachlichen Bereich, er kann nun Sätze mit bis zu fünf Wörtern bilden und seine Auffassungsgabe hat sich außergewöhnlich verbessert. Sein Blick ist offener und sein Umgang mit anderen Kindern sozialer geworden. Nach einer zweiten Behandlung begann er tatsächlich, sich sprachlich selbst auszudrücken, und sein Wortschatz vergrößerte sich wesentlich.
  (Dr. med. Tinus Smits: Buch, S. 69)

- **Marieke** erhält mit 15 Mon. die vierte Diphtherie/Pertussis/Tetanus/Polio/HIB-Impfung. Neun Tage danach bekommt sie einen Krampfzustand, der sich drei Tage später wiederholt. Sie kann nicht mehr krabbeln, laufen und sprechen. Sie sagt nur noch die Wörter Mama und Papa. Marieke ist jetzt 2½ Jahre alt und wir starten eine homöopathische Behandlung. Nach und nach verschwinden die Symptome. Ihr Sprachvermögen hat sich auch entwickelt, sie spricht ein paar neue Wörter.
(Dr. med. Tinus Smits: Buch S. 7)

- **Martin** (6 Mon.) hörte nach der dritten DPTP/HIB-Impfung auf zu plappern. Schon nach der ersten homöopathischen Behandlung setzte das Plappern wieder ein.
(Dr. med. Tinus Smits: online-Bericht)

- Bei **Maartje** (2 ½ J.) gab es bis zum Alter von 1½ J. keine ernsten Abnormitäten in der Entwicklung. Das änderte sich mit der Masern/Mumps/Röteln-Impfung. Sie war danach geistesabwesend, Augenkontakt ist verloren gegangen und sie war unfähig zu sprechen, wo sie doch mit einem Jahr schon Mama und Papa sagen konnte. Nach mehreren Behandlungen mit potenzierten Impfstoffen trat eine deutliche Besserung ein. Sie begann auch wieder mit ihren Eltern zu plappern und zu kuscheln.
(Dr. med. Tinus Smits: online-Bericht)

- S. H., ein **7-jähriger Junge**, der wegen hochgradiger Lernstörungen sowie ständiger und nicht beherrschbarer Störungen des Unterrichts zur Sonderschule transferiert werden sollte. Nach ausführlicher Testung wurde die Impfung mit Diphtherie/Tetanus-Impfstoff als Ursache ermittelt. Nach der dritten Sitzung gab es eine Heilwirkung, die an ein Wunder grenzte: Die Hyperaktivität verschwand weitgehend, die Lernstörungen besserten sich in den folgenden Wochen und Monaten dramatisch. Der Patient besuchte mit bestem Erfolg die Gesamtschule, dann Abschluss mit Prädikat. Er arbeitet heute als Betriebsanlagen-Elektroniker nach glänzend bestandener Gesellenprüfung im intellektuell sehr anspruchsvollen Fachbereich Elektrotechnik/Elektronik.
(Dr. med. Karl Hermes, Duisburg)

- Ein **Junge**, 10 Jahre alt, hatte in der Schule die größten Probleme mit der Konzentration. Die Lehrer beschwerten sich, dass er oft stört. Er hatte ein Schuljahr bereits wiederholt und kam trotzdem überhaupt nicht mit. Die Mutter berichtete, er habe oft „ein Brett vor dem Kopf". Hausaufgaben seien für Mutter und Kind eine große Quälerei. Die Testung mit Bioresonanz ergab, dass eine starke Belastung durch die Diphtherie/Pertussis/Tetanus/Polio/Hib-Impfung vorlag. Nach 6-maliger Bioresonanz-Behandlung berichtete die Mutter, dass ihr Kind die Hausaufgaben nun in viel kürzerer Zeit erledige und die Lehrer ihr auch gesagt hätten, ihr Sohn könne nun viel besser lesen, sei wesentlich aufmerksamer und störe im Unterricht nicht mehr.
(Anita Klammrodt, Heilpraktikerin in Ostfriesland)

- **Junge**, 13 Jahre alt. Die Mutter berichtete, dass er seit der Tetanus-Auffrischimpfung in der Schule nur noch schlechte Noten erhalte und sich überhaupt nicht mehr konzentrieren könne. Er vergesse ständig seine Schulsachen. Der Junge erzählte mir, als die Mutter nicht dabei war, dass er nur noch traurig sein könne und am liebsten nur noch zuhause in seinem Zimmer bleiben möchte. Bei der Testung auf Impfschaden reagierte der Junge besonders stark auf Tetanus. Nach viermaliger Bioresonanz-Behandlung erzählte der Junge stolz, dass er eine Zwei in Mathe geschrieben habe und sich rundum glücklich fühle. Eine Nachtestung ergab, dass die Impfbelastung nun beseitigt war.
(Anita Klammrodt)

- Ein anderer **Junge**, 5 Jahre alt, hatte arge Sprachstörungen. Er konnte die einzelnen Wörter nicht richtig aussprechen. An eine Satzbildung war gar nicht zu denken. Durch Testung mit Bioresonanz stellte ich eine Belastung durch den Masern/Mumps/Diphtherie/Tetanus/Hib-Impfstoff fest. Nach der 4. Bioresonanz-Therapie hatte sich seine Aussprache deutlich gebessert. Bald fing er auch an, in ganzen Sätzen zu sprechen.
(Anita Klammrodt)

- Wir haben einen Sohn mit hyperaktiven Zügen. Er konnte schon frühzeitig gut und deutlich reden, hat dann jedoch im Alter von

1¼ Jahren nach der Masern/Mumps/Röteln-Impfung die Sprache so gut wie verloren bzw. eine eigene Sprache entwickelt. Auch seine Hyperaktivität steigerte sich. Er ist jetzt 6 ½ Jahre alt und wir haben ihn durch etliche Therapien fit für die normale Schule bekommen. Jedoch sind seine Sprachschwierigkeiten auch heute noch nicht völlig beseitigt. Er kämpft immer noch mit einer Merkschwäche im Sprachzentrum.
(Bericht einer Mutter)

3.8 Fazit – Ursachen

Die zahlreichen Fallbeispiele und andere Beiträge aus den Kapiteln 3.4-3.7 belegen, dass tatsächlich ein sehr enger Zusammenhang zwischen Impfungen und Verhaltens-/Lernstörungen besteht. Dass es sich dabei nicht um seltene Einzelfälle dreht, zeigt – jedenfalls bezogen auf Hyperaktivität – der Vergleich zwischen KiGGS-Studie (geimpfte Kinder) und Online-Umfrage (ungeimpfte Kinder) in Kap. 3.6. Danach sind Ungeimpfte wesentlich seltener als Geimpfte von Hyperaktivität betroffen. Dieses Ergebnis ist insofern von besonders hohem Wert, als es auf Umfragen beruht, die wissenschaftlichen Ansprüchen genügen. Den Fallberichten ist auch zu entnehmen, dass mit Impfschäden vertraute Mediziner in der Lage sind, durch Ausleitung der Impfgifte mit Homöopathie und Bioresonanz Verhaltens- und Lernstörungen dauerhaft zu bessern oder sogar völlig zu beheben.
Es ist festzustellen, dass die maßlose Ausweitung der Impfpläne mit der stetigen Zunahme verhaltensgestörter Kinder nahezu parallel läuft.
Durch die Eliminierung der schädigenden Impfgifte werden auch die Voraussetzungen geschaffen, dass die zu Beginn des Kapitels 3.1 angesprochenen vielfältigen Hilfsmaßnahmen innerhalb und außerhalb der Schule auf fruchtbaren Boden fallen, zu durchgreifenden, dauerhaften Erfolge führen und die eingesetzten erheblichen Geldmittel sich rentieren.

Wenn man über Abhilfe beim AD(H)S sinniert, darf man an den **elektronischen Medien** nicht vorbeigehen. Fachleute aus dem pädagogischen und psychologischen Spektrum waren sich schon immer darin einig, dass eine übermäßige Nutzung des Fernsehens und neuerdings auch der Computerspiele Aufmerksamkeitsstörungen und andere Ver-

haltensauffälligkeiten begünstigt. Aus diesem Grund plädieren sie – bei Kindern mit und ohne AD(H)S – für eine zeitliche Begrenzung und inhaltliche Einschränkung des Medien- und Computerspielkonsums, was von den Eltern zu kontrollieren sei. Gleiches gilt für die Nutzung von Handy, Smartphone und Co.
Ein besonders leidenschaftlicher Medienkritiker ist Prof. Christian Pfeiffer, der in der von ihm selbst dokumentierten exzessiven Mediennutzung sogar eine Hauptursache für das AD(H)S (und den Absturz der Schulleistungen) sieht. (s. Kap. 2.2.3) Wenn man sich nicht mit der Impfproblematik auskennt, liegt dieser Schluss nahe. Dem ist gegenüberzustellen, dass ein AD(H)S fast immer bereits im ersten, spätesten im zweiten Lebensjahr festgestellt wird, wo die Mediennutzung der Kinder wahrlich noch keine Rolle spielt.

Suchtartiges Fernsehen und Computerspielen ist durchaus nicht immer nur das Resultat eines verlockenden medialen Angebotes. Es kann auch am Kind selbst liegen. Ein „verkorkster" Hirnstoffwechsel macht es extrem anfällig für den Reiz der flimmernden Bilder. Man versuche einmal, einem 10-jährigen oder älteren AD(H)Sler den bis dahin wohl vertrauten Fernseher aus seinem Zimmer zu entfernen! Ein Jähzornausbruch könnte folgen. Die Erfahrungen vieler Eltern von AD(H)S-Kindern zeigen, dass diese ihr suchtartiges Verlangen nach solchen Medien fast von selbst ablegen, sobald sich ihr Verhalten bzw. ihr Hirnstoffwechsel wieder normalisiert hat. Außerdem berichten Eltern ungeimpfter Kinder, dass letztere nur in wenigen Fällen ein starkes Verlangen nach elektronischen Medien verspürten. Sie könnten sich in ihrer Freizeit sehr gut auch anderweitig beschäftigen, z.B. mit Lesen. Der kausale Zusammenhang heißt eher „AD(H)S macht Mediensucht" und nicht umgekehrt. Es dürfte also einfacher sein, den Drang nach den verführerischen Medien durch eine ursächliche Behandlung des AD(H)S zu beheben oder wenigstens deutlich zu mindern, als übermäßigen Medienkonsum durch restriktive Maßnahmen einzudämmen versuchen. Auf jeden Fall ist übertriebener Medienkonsum einzuschränken. Wenn er auch das AD(H)S nicht verursacht, fungiert er doch als dessen mächtiger Verstärker.

Bei den **Lernstörungen** spielen in erster Linie Aufmerksamkeitsschwäche, ein Leitsymptom des AD(H)S, aber auch Lernunlust und geringe Ausdauer, eine wichtige Rolle. Was nützt ein hoher Intelligenzquotient, wenn diese Kinder nur selten mit den Gedanken beim Unterricht sind? Das wirkt sich extrem auf die Rechtschreibung aus, wo höchste Konzentration gefragt ist. Den Fallberichten aus Praxen von Heilberuflern ist zu entnehmen, dass sich nach einer Impfschadenbehandlung nicht nur das AD(H)S, sondern auch begleitende Lernstörungen entscheidend gebessert haben.

Der bereits zitierte Heilpraktiker Grätz betrachtet nach seinen langjährigen Erfahrungen als Homöopath nicht nur das AD(H)S, sondern auch Lernstörungen wie z.B. Legasthenie als Impfschaden. Die für die Rechtschreibung zuständige Hirnregion sei durch Impfgifte in Mitleidenschaft gezogen und könne daher ihre Aufgabe nur noch unzureichend erfüllen. Auch die Wissenschaft führt Lese-Rechtschreib-Schwäche (LRS), wie bereits angemerkt, auf eine gestörte Sinnesverarbeitung im Gehirn zurück. Da sie jedoch die Impfthese nicht kennt oder ignoriert, hält sie LRS für erblich bedingt. Es ist nicht ganz von der Hand zu weisen, dass die Rechtschreibleistungen auch deshalb so enorm nachgelassen haben, weil im Unterricht heute auf diese Fertigkeit weniger Wert gelegt wird als noch vor einigen Jahrzehnten. Dennoch spricht vieles, z.B. die Art der Fehler, dafür, dass eine Störung in der Hirnchemie die Hauptursache darstellt. Da aus 20 mir bekannten Familien die Kinder, die keine einzige Impfung erhalten haben, in praktisch allen Fällen nicht von LRS betroffen sind, ist ein Impfzusammenhang anzunehmen.

Sprachstörungen zählen, wie bereits gesagt, zwar nicht zu den Lernstörungen, sind aber ihre Wegbereiter. Üblicherweise führt man dieses Dilemma auf „sprachliche Deprivation" (Mangel an sprachlicher Stimulation) zurück. Das ist der Fall, wenn

... Eltern sich schlicht und einfach zu wenig Zeit nehmen, um mit ihren Kindern zu sprechen.

... Eltern ihren Kindern kaum noch vorlesen.

... eine ausufernde Nutzung elektronischer Medien nur noch wenig sprachliche Kommunikation zulässt.

Die genannten Gründe sind nicht wegzudiskutieren, doch lassen sich damit allein Sprachprobleme nicht ausreichend erklären. Es liegen noch weitere Ursachen vor.

Die in Kap. 3.7 beschriebenen zehn Fälle lassen erkennen, dass auch bei der Sprachentwicklung die ganz normalen Kinderimpfungen einen maßgeblichen Störfaktor darstellen. Hier verhält es sich ähnlich wie bei vielen anderen neurologischen Störungen. Gemäß Heilpraktiker Grätz gelangen die in den Impfstoffen enthaltenen toxischen Substanzen, wie z.B. Quecksilber und Aluminium, ins Gehirn, diesmal ins Sprachzentrum, mit der Folge einer Sprachstörung.

Das intensive Impfen gerade im 1. Lebensjahr (36 Impfdosen!) könnte hauptverantwortlich für Sprachstörungen sein. Sie sind dann aber noch kaum wahrnehmbar, da die eigentliche Sprachentwicklung gerade erst einsetzt. In diesem zarten Alter reagiert das Gehirn auf Impfgifte besonders empfindlich. Die Folgen hinsichtlich der Sprache zeigen sich erst im Laufe des 2. Lebensjahres und in den folgenden Lebensjahren, wenn dann die eigentlich zu erwartende stürmische Sprachentwicklung so verläuft, als würde ständig jemand die Handbremse ziehen.

Die Erkenntnis ist nicht neu, dass **AD(H)S**, **Legasthenie** und **allgemeine Lernstörungen** bei Jungen wesentlich häufiger anzutreffen sind als bei Mädchen und letztere demzufolge heute wesentlich bessere Schulleistungen erbringen als Jungen. Da alle drei genannten Störungen, wie bereits beschrieben, sehr häufig einen Impfbezug haben, scheint von Bedeutung zu sein, dass die Körper beider Geschlechter gemäß *Brigitte Ross* unterschiedlich auf Thiomersal (Quecksilber), welches in den meisten Impfstoffen enthalten ist, reagieren.
Dazu lesen wir in ihrem Buch „Elemente der Gesundheit. Eine neue Dimension ganzheitlicher Gesundheit“:

> *„In Versuchen zeigte sich Thiomersal in geringster Menge schon als zellzerstörend. Bei gleichzeitiger Anwesenheit von Quecksilber aus Amalgam verstärkte sich die giftige Wirkung von Thiomersal. Die Wirkung von Aluminium hatte einen weiteren synergetischen giftigen Einfluss. Zusammen mit Testosteron (männliches Hormon) erhöhte sich zusätzlich die Giftwirkung von Thiomersal oder Quecksilber um das Vielfache, während Östrogene die Giftwirkung verminderten. Dies kann die Beobachtung erklären, dass etwa viermal mehr Jungen als Mädchen autistisch sind, etwa dreimal mehr Männer als Frauen an Amyotropher Lateralsklerose (ASL) erkranken*

und etwa vier- bis siebenmal mehr Jungen eine Form von Aufmerksamkeitsdefizitsyndrom (ADS) entwickeln."
(Anm. des Verf.: Es wird vom ADS gesprochen, doch dürften auch Kinder MIT Hyperaktivität gemeint sein.)
Quelle: http://www.draloisdengg.at/bilder/pdf/Impfkritik/ElementeDerGesundheitBelastungDurchImpfungen.pdf

Wenn Kinder in einzelnen Fächern nicht die anvisierten Leistungen erbringen, kann dass auch eine ganz andere Ursache haben: Unterrichtsausfall, öfter kurzzeitig, manchmal sich über Wochen, vielleicht sogar Monate hinziehend, bedingt durch Krankheit oder Teilnahme an Fortbildungen und Klassenfahrten von Lehrkräften. Das beklagen verständlicherweise gern Eltern und Elternverbände, weil sie dadurch den Lernerfolg ihrer Sprösslinge gefährdet sehen. Dementsprechend fordern sie die Einstellung zusätzlicher Lehrkräfte, um eine stets ausreichende Vertretungsreserve zu sichern.

Den Unterrichtsausfall kann man aber auch völlig anders sehen. Es mag paradox klingen, aber er findet tagtäglich in großem Umfang bei Anwesenheit der Lehrkräfte während des Unterrichts statt. Wie wir wissen, leidet ein beträchtlicher Teil heutiger Kinder an Aufmerksamkeitsschwäche, deren Ausprägung von leicht bis extrem stark reicht. Die Kinder sind im Unterricht zwar körperlich anwesend, gedanklich aber mit anderen Dingen beschäftigt, vor allem zum Schluss einer Unterrichtsstunde und in den letzten Stunden eines Unterrichtstages. Der Unterricht geht an diesen Kindern weitgehend vorbei, was einem Unterrichtsausfall gleichkommt. Würde man die auf diese Weise verloren gegangene Zeit zusammenrechnen, wäre das vermutlich um ein Vielfaches mehr, als die durch die Abwesenheit von Lehrkräften verloren gegangene Unterrichtszeit. Das zahlenmäßig genauer nachzuprüfen wäre eine Untersuchung wert.
Somit wäre es wesentlich effektiver, wenn Elternverbände mithelfen würden, die grassierende Aufmerksamkeitsstörung bei Kindern zurückzudrängen, als sich lediglich um nicht erteilten Unterricht zu sorgen. Dazu ist allerdings zwingend eine Beschäftigung mit dem Thema „Ursachen von Aufmerksamkeitsdefizit und AD(H)S" erforderlich.

Das Kap. 2 „Schule und Kinder heute – eine Bestandsaufnahme " beinhaltet Auszüge aus den verschiedensten Büchern und anderen Veröffentlichungen. Auch drei wissenschaftliche Studien sind darunter. Die einzelnen „Berichterstatter" haben nicht nur ihr Leid geklagt, sondern auch nach Gründen für die meist selbst erlebten eklatanten Missstände, verursacht durch eine psychisch labile Schülerschaft, gesucht. Bei Ihren Überlegungen spielt bei niemandem, außer bei mir als Autor dieses Buches, das Impfen (auch nicht die Ernährung) eine Rolle. Alle, ohne Ausnahme, wollen mangelhafte Erziehung als Hauptursache erkannt haben.

Buchautor Möller macht, wie manche andere Menschen aus der pädagogischen Zunft, die Schule selbst für die heutige tiefe Krise (mit)verantwortlich.

> *„Unser Schulsystem schafft also ein Lernumfeld, von dem sich ohne Weiteres behaupten lässt, dass Kinder* trotz *Schule etwas lernen – nur eben meistens außerhalb." „Die verkrusteten Strukturen des bisherigen Schulsystems sind nicht ansatzweise in der Lage, den pädagogischen, psychologischen und soziologischen Anforderungen unserer multi-ethnischen Wissens- und Informationsgesellschaft gerecht zu werden."* (ISCH GEH SCHULE, S. 194/195)

Ein dermaßen hartes Urteil wird dem derzeitigen Schulsystem nicht gerecht, zumindest ist es völlig überzogen. Das heißt nicht, dass es an ihm nichts zu verbessern gäbe. Dennoch erscheint es mehr als zweifelhaft, dass unser (angeblich) schlechtes Schulsystem die von Möller und anderen beschriebenen haarsträubenden Zustände verursacht haben soll. Sein Urteil entspringt eher dem verzweifelten Suchen nach einem Weg aus einer am eigenen Leib verspürten schweren Krise. Ohne unser Schulsystem hier genauer zu analysieren, ist zu konstatieren, dass seine Strukturen bis in die 1960-er Jahre hinein durchaus als verkrustet zu bezeichnen sind, sich aber in den darauf folgenden Jahrzehnten laufend zum Positiven verändert haben. Damals waren weitgehend Normalität: hohe Klassenfrequenzen, Demütigungen und Ertragen z.T. schwerer Strafen wie körperliche Züchtigung, streng frontaler Unterricht, kaum Unterrichtsgespräche, wenig Rücksichtnahme auf lernschwache und anderweitig gehandicapte Kinder. Kinder, die in der Rechtschreibung versagten, hatten bis in die 1960-er Jahre hinein auch bei überdurch-

schnittlichen Leistungen in anderen Fächern so gut wie keine Chance, auf dem Gymnasium zu bestehen und das Abitur zu „bauen". „Legasthenie" – sie trat damals noch äußerst selten auf – war als Krankheit noch nicht anerkannt.
Derartige Verhältnisse sind heute Geschichte, höchstens noch rudimentär vorhanden. Trotzdem war damals von AD(H)S und AD(H)S-ähnlichen Erscheinungen kaum etwas zu spüren. Doch gab es auch damals schon eine Reihe von Lehrkräften, die einen wahrlich pädagogischen Stil pflegten und als fortschrittlich geltende Unterrichtsformen anwandten. Sie hatten es nicht nötig, mit harter Hand ihre Autorität zu demonstrieren. Sie konnten auf Kinder bauen, die ihnen „aus der Hand fraßen" und zu einem sozialen Miteinander fähig waren.
Die entscheidenden Ursachen für wenig schultaugliche Kinder liegen heute, wie dargelegt, in einer gestörten Hirnchemie.

3.9 Gegenmaßnahmen und Vorbeugung

Ein Großteil der Fallberichte, insbesondere solche aus medizinischen Praxen, belegt nicht nur, dass das AD(H)S, nebst Lernstörungen, oftmals eine Folge von Impfungen ist, sondern auch, dass derartige Störungen erfolgreich und ohne Nebenwirkungen zu behandeln sind. Es kommt darauf an, dass die Impfgifte ausgeleitet werden, was meistens mit Homöopathie und Bioresonanz geschieht.
Diese und einige andere Behandlungsmöglichkeiten (und sonstige Maßnahmen) seien nun kurz vorgestellt.

1. Bioresonanz-Therapie (BRT)
Die BRT gehört zu den energetischen Behandlungs-Verfahren. Sie funktioniert, auf eine kurze Formel gebracht, folgendermaßen: Mit einem speziellen Gerät werden körpereigene elektromagnetische Schwingungen aufgenommen, schädigende Anteile „gelöscht", die gesunden Schwingungen mit heilender Wirkung wieder in den Körper zurückgeleitet.
Im Fall eines AD(H)S-Kindes sucht man mit ihm einen mit diesem Verfahren vertrauten Arzt oder Heilpraktiker auf. Dieser wird das Kind mit dem Bioresonanz-Gerät zunächst auf einen Impfschaden hin überprüfen. Sollte sich der Verdacht bestätigen, wird eine BRT vorgenommen.

Die Anzahl der vorzunehmenden Behandlungen hängt von der Schwere des Falles ab.

2. Homöopathische Behandlung
Hierbei lassen sich zwei Therapie-Formen unterscheiden: Behandlung mit Impfnosoden und klassisch-homöopathische Behandlung.

Behandlung mit Impfnosoden
Impfnosoden sind extrem stark verdünnte, d.h. homöopathisch aufbereitete (potenzierte) Impfstoffe. Dem betreffenden Kind werden als Tropfen oder Tabletten die Nosoden des Impfstoffs verabreicht, mit dem es geimpft ist. Der Arzt Tinus Smits, ein Vertreter dieser Methode, schreibt, mit dem Erfolg einer derartigen Behandlung sei der Beweis erbracht, dass der Impfstoff, der als Nosode verabreicht wird, die Beschwerden tatsächlich verursacht hat.

Klassisch-homöopathische Behandlung
Der eigentlichen Behandlung geht eine etwa zweistündige Anamnese voraus, in der sämtliche Krankheiten des Patienten ab der Zeugung abgefragt werden. Auch Krankheiten von Blutsverwandten werden mit einbezogen. Entsprechend den erfragten Symptomen wird dann nach einem bestimmten System die passende Arznei ermittelt. Sie besteht aus der „Ursubstanz", die wie bei den Nosoden potenziert wird. So entsteht ein Heilmittel, das dem Kind verabreicht wird.
Ihr Nachteil ist, dass diese Therapie wesentlich zeitaufwendiger ist als die beiden anderen und daher vom Patienten (bei Kindern von den Eltern) viel Geduld erfordert. Dafür soll die klassisch-homöopathische Methode am wirkungsvollsten sein.

Bei beiden homöopathischen Verfahren könnte es von Nutzen sein, wenn vorher mit Bioresonanz getestet wird, ob überhaupt eine Impfbelastung vorliegt.

3. Therapie mit Schüßler-Salzen
Auch Schüßler-Salze, die der Biochemie zuzuordnen sind, fördern die Ausleitung von Impfgiften. Vom Biochemischen Gesundheitsverein Oldenburg kommt der folgende Therapievorschlag:

- Nr. 4 Kalium chloratum D6 (zur Anregung der Nierentätigkeit, zum Entgiften).
- Nr. 11 Silicea D12 (bei allen eitrigen Erscheinungen, evtl. zusätzlich Salbe bei Ausschlag).
- Nr. 5 Kalium phosphoricum D6 (Nerven- und Zellerneuerungsmittel)

Mehrere Wochen 3-6 Pastillen pro Salz auf den Tag verteilt: morgens, mittags, abends.

- Nr. 9 Natrium phosphoricum D6 (Lymphmittel), nur bei Ausschlag, mindestens 8 Wochen 3-6 Pastillen täglich.

Ob Schüßler-Salze allein ausreichen, ein impfbedingtes AD(H)S entscheidend zu bessern, ist nicht gesichert. Sie können aber eine Therapie mit Bioresonanz und Homöopathie unterstützen.

Wenn Eltern, aus welchen Gründen auch immer, ihr Kind impfen lassen möchten, kann ein danach evtl. eintretender Impfschaden durch Gaben von Schüßler-Salzen VOR der Impfung gemildert werden:

- Nr. 4 Kalium chloratum D6
- Nr. 11 Silicea D12 (treibt alles raus, was nicht in den Körper gehört)

3 Wochen vor der Impfung beginnen, jeweils 3-6 Pastillen pro Tag.

4. Ernährungsumstellung

Sie ist beim AD(H)S fast so wichtig wie eine Ausleitung von Impfgiften. Daher ist ihr ein Extra-Kapitel in diesem Buch gewidmet (Kap. 4).

5. Psychotherapie – Verhaltenstherapie

In bestimmten Fällen können diese Therapien, möglichst mit einer Impfgiftausleitung kombiniert, sinnvoll sein.

6. Nutzung elektronischer Medien

Eine zeitliche Begrenzung und inhaltliche Einschränkung des Medien- und Computerspielkonsums – bei Kindern mit und ohne AD(H)S – ist unumgänglich. Dabei hilft eine einfache Maßnahme: Elektronische Medien aus dem Kinderzimmer entfernen, zumindest im Grundschulalter. Näheres dazu in Kap. 3.8 („Fazit – Ursachen“).

7. Erzieherische Maßnahmen

Leider muss gesagt werden, dass Erziehung bei einem stark ausgeprägten AD(H)S kaum Wirkung zeigt. Voll zum Tragen kommt sie dann, wenn die Hirnchemie, zumindest weitgehend, wieder in Ordnung gebracht ist.

8. Andere Maßnahmen
Auch die folgenden Maßnahmen können eine AD(H)S-Therapie unterstützen:

- dem betroffenen Kind viel Bewegung verschaffen
- Wohngifte (Reinigungs-, Wasch- und Körperpflegemittel mit schädlichen Zusätzen, Körper-, Haar- und Insektensprays, Spielzeug mit giftigen Farben und vieles mehr) weitgehend meiden
- Elektrosmog minimieren

Alle empfohlenen Gegenmaßnahmen, die nicht auf eine Impfgiftausleitung zielen (Nr. 4-8), sind für den (relativ seltenen) Fall von besonderer Bedeutung, wo die Verhaltensstörung nicht oder nur wenig auf dem Impfen beruht.

Es ist nicht gerade intelligent, Jahr für Jahr Hunderttausende von Kinderhirnen durch staatlich verordnete Impfprogramme mit Giften zu belasten, um sie bald darauf mit großem Kosten- und Zeitaufwand wieder auszuleiten. Außerdem ist damit zu rechnen, dass nicht immer eine vollständige Entgiftung gelingt. Bei Beachtung eines altbekannten Grundsatzes wäre das zu verhindern: **Vorbeugen ist besser als Heilen.** Das bedeutet, Impfgifte möglichst erst gar nicht ins Gehirn gelangen lassen oder wenigstens ihre Menge deutlich reduzieren. Die Eltern könnten also ihr Recht auf Impffreiheit in Anspruch nehmen und einzelne oder alle Impfungen bei ihren Kindern ablehnen. Das würden sie aber nur tun, wenn sie sich vorher mit der grundsätzlichen Frage beschäftigt haben, ob Impfungen nützlich oder eher überflüssig und schädlich sind. Eltern mit der „eingeimpften“ Angst im Nacken, ihre Kinder könnten lebensgefährlich erkranken oder gar sterben, wenn sie ungeimpft oder wenig geimpft sind, ist es fast unmöglich, teilweisen oder vollständigen Impfverzicht zu üben.

Die optimale Prävention hieße daher, dass die Impfbetreiber – angesprochen ist die STIKO (Ständige Impfkommission) beim Robert-Koch-Institut in Berlin – die Impfempfehlungen wieder in etwa auf den Stand von 1972, als noch sehr moderat geimpft wurde, herunterfahren würden.

3.10 Auffällige Zunahme von Verhaltens- und Sprachstörungen in den 1990-er Jahren

Betrachtet man die Impfgrafik (Abb. 1) aus Kapitel 3.3, fällt auf, dass die Zahlen empfohlener Impfdosen im Jahr 1991 unvermittelt in die Höhe geschnellt sind: im 1. bis 6. Lebensjahr von 14 auf 26 Dosen, im ersten Lebensjahr von 6 auf 13. In den 14 Jahren vorher – von 1976 bis 1990 – ist diese Zahl nahezu stabil geblieben.

An vier Stellen dieses Buches ist ausdrücklich erwähnt worden, dass Verhaltens- und Sprachstörungen sich in den 1990-er Jahren auffallend verstärkten bzw. überhaupt erst bemerkt wurden. Die entsprechenden Aussagen seien noch einmal stichwortartig aufgeführt:

- Meine eigenen Erfahrungen als Lehrer: auffallende Verstärkung der AD(H)S Symptome in den 1990-er Jahren (Kap. 2.1.1)
- Rektor Schäfer (2000): in letzter Zeit Anstieg der Kinder-Probleme wie nie zuvor (Kap. 2.1.7)
- Psychotherapeut Winterhoff: vor Mitte der 1990-er Jahre noch völlig andere Kinder (Kap. 2.1.9)
- Studie zum Sprachvermögen von Vierjährigen aus dem Jahr 1995: unerwartet heftige Steigerung von Sprachdefiziten (Kap. 2.2.4)

Es handelt sich in allen vier Fällen ziemlich genau um Kinder, die bereits von den neuen, stark ausgeweiteten Impfprogrammen erfasst wurden. So liegt es nahe, in der drastischen Zunahme empfohlener Impfungen die Ursache für den auffälligen Anstieg von Verhaltensstörungen (und von Sprachstörungen) zu sehen. Schließlich gilt: Je mehr Impfdosen, desto größer die Gefahr einer Störung der Gehirnfunktion, mit der Folge eines AD(H)S.

Ob auch Lernstörungen in den 1990-er Jahren auffallend zunahmen, ist den mir vorliegenden Quellen nicht zu entnehmen, aber zu vermuten.

4. Ernährung bei AD(H)S – Anwendung von Antibiotika

Das Hauptaugenmerk dieses Buches liegt auf der Darstellung des Zusammenhanges zwischen Verhaltens-/Lernstörungen und der heutigen Impfpraxis.

Aber auch durch die heute in vielen Haushalten dominierende Fastfood-Kost (chemie- und zuckerträchtig, vitaminarm) ist ein höchst negativer Einfluss auf die Hirnfunktion belegt. Sie kann ebenfalls ein „Chaos im Kopf" und damit die erwähnten Störungen bei Kindern hervorrufen oder noch verstärken. Daher soll hiermit das Thema Ernährung kurz angeschnitten werden.

Das Hamburger Ernährungswerk (es existiert anscheinend nicht mehr) brachte es auf den Punkt: *„Ungesund ernährte Kinder können nicht wirksam erzogen und unterrichtet werden. Sie sind weniger leistungs- und sozialfähig, als sie sein könnten."*

Im deutschsprachigen Raum dürfte erstmals die Schweizerin Hertha Hafer ein vollständiges Diät-Konzept für verhaltensgestörte Kinder und Jugendliche entwickelt und propagiert haben. Das war zu Beginn der 1980-er Jahre. Sowohl Hafers Entdeckungen als auch ihre praktischen Hinweise gehen auf den Umgang mit ihrem eigenen schwer verhaltensgestörten Sohn zurück. Nahrungsmittel mit einem hohen Anteil an natürlichen und künstlichen Phosphaten waren zu meiden bzw. stark zu reduzieren. Hafer sprach von einer „Phosphat-Diät" oder einer „phosphatreduzierten Kost".

Schon bald gründeten Eltern von verhaltensauffälligen Kindern Selbsthilfegruppen unter dem Dachverband der „Phosphat-Liga" (wie sie zunächst hieß), informierten sich selbst und informierten andere über das „Diät"-Konzept. In der Tat konnten sie bei konsequenter Anwendung, wie Hafer, oftmals erstaunliche Erfolge vermelden.

Da aber auch einige Nahrungsmittel ohne Phosphate wie z. B. Zucker und nahezu alle künstlichen Zusatzstoffe vom Speiseplan gestrichen werden mussten und Fleisch trotz eines hohen Phosphatgehaltes mit gutem Gewissen verzehrt werden durfte, erschien die Betonung der Phosphate schon damals nicht ganz unproblematisch. Wenn Hafers Theorie auch angreifbar ist, so erwies sich die von ihr propagierte Kost in der Praxis als ausgesprochen wirksam. Deshalb ließ man die Bezeichnung „phosphatreduzierte Kost" nach einigen Jahren fallen und sprach stattdessen einfach von einer AD(H)S-Kost. Auch die „Phosphat-Liga" wurde umbenannt, in „Arbeitskreis überaktives Kind" (AÜK). Inzwischen heißt er ADHS DEUTSCHLAND. Die Ernährung spielt in diesem Verband aber inzwischen so gut wie keine Rolle mehr, die Impfungen werden überhaupt nicht thematisiert.

Hier die wichtigsten Merkmale einer AD(H)S-Diät, die sich weitgehend an den Vorschlägen Hafers orientiert:

- Gemüse, Gemüse und nochmals Gemüse
- Sonnengereiftes Obst, aber möglichst auf leeren Magen
- Meiden chemischer Zusätze
- Weitgehender Verzicht auf Fabrikzucker, Weißmehlprodukte, Süßigkeiten und Schweinefleisch
- Bevorzugung naturbelassener Öle und Fette
- Ausreichend Rohkost
- Alles möglichst aus biologischem Anbau
- Verzicht auf einige an sich gesunde Nahrungsmittel, wie z.B. Milch oder Weizen, wenn eine entsprechende Unverträglichkeit oder Allergie vorliegt.

Auch Schulmanagement und Lehrkräfte sind sich der Wichtigkeit der Ernährung für die Gesundheit der Kinder bewusst. Sie steht in allen Schulstufen und -formen in den Lehrplänen und wird im Unterricht behandelt. Auch bei der Verköstigung der Kinder in den Mensen bemüht man sich um gesundes Essen, was aber, aus verschiedenen Gründen, oft (meistens?) nicht gelingt. Ob im Unterricht oder in der Mensa, der Bedeutung der Ernährung speziell bei der Krankheit AD(H)S ist man sich in der Schule aber nur selten bewusst.

Die folgenden beiden Schriftproben eines Problem-Schülers von mir zeigen, wie sich etwa zwei Wochen nach einer Ernährungsumstellung auf AD(H)S-Kost die Schrift – ohne irgendwelche Schreibübungen – in kaum glaublicher Weise gebessert hat. Die Gehirnregion, von wo die Feinmotorik gesteuert wird, ist nun wieder voll funktionsfähig. Besonders erfreulich ist, dass sich der einstige Störenfried wie durch Zauberhand auch zum Musterschüler gemausert hat. Tatsächlich verfügt auch ein ungeimpftes Kind von vornherein in der Regel über eine schöne, harmonische Schrift. Die meisten AD(H)Sler fallen schon durch ihre Schrift auf. Ebenso hat eine Ritalin-Behandlung eine positive Auswirkung auf die Schrift, allerdings nur so lange, wie das Mittel wirkt – von den Nebenwirkungen ganz zu schweigen.

vor der Diät

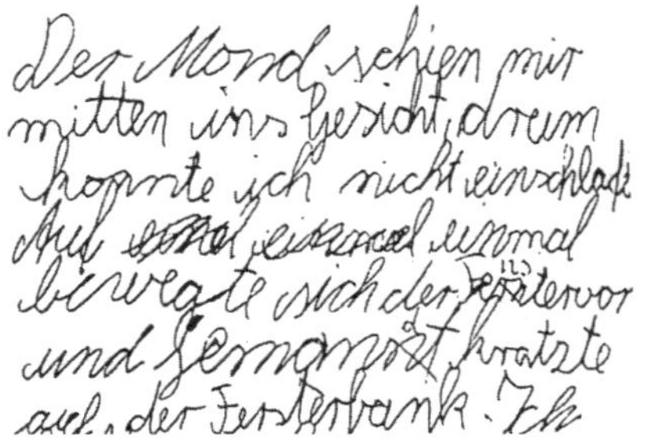

während der Diät

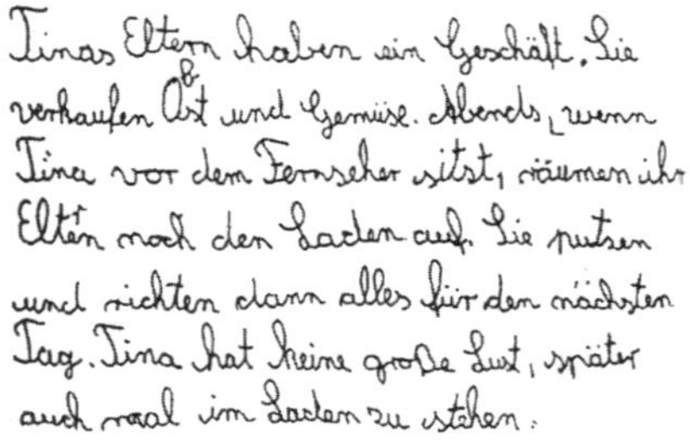

Wer sich über die AD(H)S-Diät noch genauer informieren möchte, dem sei mein Buch zum Lesen empfohlen:

„Unkonzentriert-Aggressiv-Überaktiv.
Ein Problem der Erziehung oder der Ernährung?"
(Verlag Grundlagen und Praxis, Leer)

Die Bedeutung und Wirksamkeit einer Diät bei AD(H)S habe ich in obigem Buch ausführlich beschrieben. Die Gründe, warum ich es für sinnvoll erachte, mich diesmal schwerpunktmäßig mit dem Zusammenhang zwischen „AD(H)S und Impfungen" zu beschäftigen, möchte ich nun kurz darlegen:

1. Wenn auch an sich gesunde Nahrungsmittel wie z.B. Milch, Nüsse und Weizen unverträglich sind (oder gar allergen wirken) und bestimmte Inhaltsstoffe davon die Blut-Gehirn-Schranke durchbrechen, ist das in sehr vielen Fällen – aller Wahrscheinlichkeit nach – den Impfungen anzulasten. Ohne Impfungen hätten sie wohl der körperlichen Gesundheit geschadet, aber nicht ein „Chaos im Kopf", ein AD(H)S, erzeugt. Es gibt Hinweise, wonach Allergien sehr oft durch Impfungen verursacht sind.
2. Als die AD(H)S-Diät zu Beginn der 1980-er Jahre erfolgreich angewandt wurde, war noch ein relativ moderates Impfen angesagt. Wenn sich die Eltern eines AD(H)S-Kindes aber nach 1991 zu einer gesünderen Ernährung entschlossen, wurde diese überlagert von der stark ansteigenden Zahl von Impfstoffen, inklusive Impfgiften, wodurch die positive Wirkung der Ernährung gemindert, nicht selten sogar völlig aufgehoben wurde. Da schlug selbst eine konse-

quent eingehaltene AD(H)S-Diät wenig oder gar nicht mehr an. Hatte sie doch einmal zu einer erkennbaren Besserung geführt, genügte oft schon ein kleiner Diät-Fehler, um das betreffende Kind wieder in sein altes Verhaltensmuster zurückzuwerfen. Die Behebung des dahinter liegenden Impfschadens hätte der Diät wahrscheinlich wieder zur gewünschten Wirkung verholfen.

3. Nicht wenige Lehrer und Eltern (und andere erzieherisch Tätige) haben zumindest eine gewisse Kenntnis von der positiven Wirkung einer Diät bei AD(H)S. Sogar in den Medien wird (und wurde) dieses Thema gelegentlich angesprochen. Dagegen scheint der Zusammenhang zwischen Verhaltensstörungen und Impfen den meisten Menschen völlig fremd zu sein. Hier herrscht offensichtlich ein besonders hoher Informationsbedarf.

Fazit: Wenn einem AD(H)S-Kind geholfen werden soll, hat die Impfproblematik Vorrang gegenüber der Ernährung. Dennoch sollte das Bemühen um gesundes Essen in jedem Fall, auch ohne AD(H)S-Hintergrund, eine Selbstverständlichkeit sein. Von ihm hängt maßgeblich seelisches und körperliches Wohlbefinden ab. Empfehlenswert ist eine vitalstoffreiche, basenbetonte und weitgehend chemiefreie Kost, wobei AD(H)S-betroffene Kinder noch auf spezielle Unverträglichkeiten zu achten haben. Aussicht auf optimalen Erfolg einer AD(H)S-Therapie verspricht ein Zusammengehen der beschriebenen Diät mit einer Impfschadensbehandlung.

Auch synthetische Medikamente können, mehr noch als unverträgliche Nahrungsmittel, ein AD(H)S oder einzelne AD(H)S-Symptome verursachen. Ähnlich wie Impfstoffe gleichen sie einem Chemie-Cocktail. An vorderster Stelle sind die Antibiotika zu nennen. Mütter können beobachten, dass ein ansonsten ausgeglichenes Kind nach Antibiotika-Einnahme auffallend unruhig wird. Bei AD(H)S-Kindern ist die Reaktion dramatisch. Da reicht eine einzige Tablette aus, dass sie regelrecht „die Wände hochgehen“. Daher sollte ein solches Medikament nur eingesetzt werden, wenn wirklich Gefahr im Verzug ist. Fakt ist, dass heute nicht wenige Kinder bereits im Babyalter mit ganzen Serien von Antibiotika eingedeckt werden. Es ist gut möglich, dass sich allein dadurch ein AD(H)S manifestiert. Impfungen in Verbindung mit Antibiotika dürften hinsichtlich AD(H)S ein besonders explosives Gemisch darstellen.

5. HEBO-Privatschule

Einen eigenen Weg, Kindern mit AD(H)S auf die Sprünge zu helfen, geht die HEBO-Privatschule in Bonn. Sie wurde 1978 von Hans Biegert gegründet. Begonnen hatte man mit ca. 70 Schülerinnen und Schülern in sechs Klassen. Heute wird sie, in den Klassen 5-13, von fast 400 besucht. Knapp die Hälfte von ihnen ist in einem nahe gelegenen Internat untergebracht. Sie führt die Schüler zu den staatlich anerkannten Abschlüssen: Abitur, Mittlere Reife und Hauptschulabschluss. Die Klassenstärke liegt bei durchschnittlich 14 Kindern. Bereits die äußeren Bedingungen (kleine Schule, kleine Klassen) bieten AD(H)S-Kindern, deren Anteil an der Schülerschaft mit 30-40 % hoch ist, eine sehr gute Ausgangsbasis.
Aber auch das Schulkonzept kommt dieser Klientel sehr entgegen. Einige besonders für AD(H)Sler wichtige Grundsätze seien genannt:

- Spezifische Förderung von Kindern mit AD(H)S, Sozialkompetenztraining (Klasse 5-7)
- Tägliche Hausaufgabenbetreuung durch den eigenen Lehrer (Klasse 5-8)
- Professionelle Förderung bei Lese- und Rechtschreibschwierigkeiten sowie Sozialkompetenz-Training durch die schulinterne Psychologin
- Spezifische Förderkurse für schwächere Schüler durch die eigenen Lehrer
- Regelmäßige Zwischenzeugnisse, fünfmal pro Schuljahr (ca. alle 6-7 Wochen)
- Beibehalten der Klassenverbände und des Klassenlehrerprinzips auch in der Oberstufe [für ADHSler Gold wert. Anm. vom Verf.]

Der Schulgründer Hans Biegert ist bis heute leitender Schuldirektor. Er ist äußerst engagiert und stellt an sich – wie es scheint – extrem hohe Anforderungen und auch an sein Kollegium. An seiner Schule hat man sich das Motto „Mit Freude erfolgreicher lernen – ermutigen statt entmutigen“ zu eigen gemacht. Es wird Wert darauf gelegt, dass ein leistungsorientierter Unterricht erteilt wird. Entsprechend werden Lehrkräfte eingestellt, denen eine „zugewandte aber stringente Unterrichtsführung zu eigen ist“. Der Unterricht an der HEBO-Privatschule habe in allen Jahren zu überdurchschnittlich guten Ergebnissen in den staatlichen Abschlussprüfungen geführt.

Für den Unterricht selbst (insbesondere für AD(H)S-Kinder) hat der Schulleiter mit seinem Kollegium offensichtlich wirkungsvolle Richtlinien entwickelt. Einige davon seien aufgeführt:

- Normen- und Sanktionskatalog für Fehlverhalten festlegen und konsequent einhalten.
- Fester, nicht ständig wechselnder Sitzplan, nicht an Gruppentisch, nicht an Einzeltisch in die letzte Reihe.
- Mit offenen Unterrichtsformen nicht überfordern, Freiarbeit, Wochenplanarbeit nur mit helfendem, strukturierendem Begleiten.
- Kein Unterrichtsbeginn ohne absolute Ruhe, Überflüssiges vom Tisch (immer zu Stundenbeginn prüfen und durchsetzen).
- Kleinschrittig strukturieren und vorgehen.
- Erteilte Aufgaben nachsehen – immer! Möglichst mit ermutigendem schriftlichen Kurzkommentar versehen.
- Unterrichtsroutinen pflegen, erteilte Hausaufgaben immer und bei jedem kontrollieren.
- Für angstfreie Lernatmosphäre sorgen.

Man beachte, welch große Bedeutung den vermeintlich kleinen Dingen beigemessen werden. Schulleiter Biegert merkt noch an, dass diese Richtlinien in Wirklichkeit für alle Schüler (und alle Lehrer) gut, förderlich und entlastend seien.

Biegert schließt sich, der medizinischen Wissenschaft vertrauend, der These an, dass das AD(H)S erblich bedingt sei, und findet es somit in Ordnung, wenn Kinder Ritalin oder ähnliche Pillen einnehmen. Aus einer genetischen Disposition aber folge keineswegs die Unabwendbarkeit einer AD(H)S-Verhaltensausprägung. Erst die Kombination aus genetischer Disposition und Sozialisation (Elternhaus, Schule, Gleichaltrige) führten am Ende zum manifesten Verhaltens-/Persönlichkeitsstatus. Der Zusammenhang zwischen AD(H)S und Impfungen/Ernährung ist an der Schule kein Thema.
Sein Lösungsansatz: Die Schule stellt sich mit ihrer Arbeitsweise voll und ganz auf die Besonderheiten und Defizite dieser hirnfunktionsgestörten Kinder ein, was ihm und seinen Mitarbeitern offensichtlich gut gelungen ist, dank exzellenter Rahmenbedingungen und eines exzellen-

ten Konzeptes. Nach eigenem Bekunden kommen auch die AD(H)Sler an der HEBO-Schule gut zurecht und erreichen erstaunliche Lernergebnisse. Somit ist sie für Kinder mit AD(H)S sehr empfehlenswert. Sie mag eine der besten dieser Art in Deutschland sein.
Kritische Geister mögen einwenden, dass die Kinder in der HEBO-Schule allzu sehr gegängelt und in ihren Freiheiten allzu sehr beschnitten werden. Wertvolle Errungenschaften der Reformpädagogik wie z.B. Gruppentische und Wochenplanarbeit seien weitgehend über Bord geworfen worden. Favorisiert werde ein „stringenter" Unterricht. Pädagogen, auch die an staatlichen Schulen tätigen, müssen aber begreifen lernen, dass gerade ein derartig „undemokratisch" erscheinendes Konzept den Erfolg der Hebo-Schule ermöglicht, da AD(H)Sler, ob als solche attestiert oder nicht, durch die an sich wunderbaren modernen Errungenschaften überfordert werden, oftmals total. Somit könnte die HEBO-Schule durchaus ein Modell für jede andere Schule sein.

Doch leider hat das Ganze einen mächtigen Pferdefuß: 950 Euro pro Monat (ohne evtl. Internatskosten) sind zu berappen. Nur Eltern mit einem dicken Geldbeutel – und das sind sehr wenige – können sich diese Schule leisten. Sie kommt also für den Normalbürger selten in Frage. Nur unter bestimmten Voraussetzungen ist auf Antrag eine Kostenübernahme durch das Jugendamt zu erwarten.

Da die auch von der HEBO-Schule anerkannte Gehirnfunktionsstörung nicht beseitigt ist, bleibt schließlich die Frage, ob die AD(H)Sler die Betreuung an dieser Schule so stabilisiert hat, dass sie nun auch danach, beim Studium oder bei der beruflichen Ausbildung, mit ihrer eigenen psychischen Labilität zurechtkommen. Es erscheinen ernste Zweifel angebracht, da die Wahrscheinlichkeit groß ist, dass diese Labilität auch weiterhin bestehen bleibt. In der neuen Umgebung haben sie es zudem nicht mehr mit psychologisch und pädagogisch geschultem, nervenstarkem Fachpersonal zu tun, das mit ihren Defiziten und oft unverständlichen Eigenarten adäquat umzugehen versteht. Klare Strukturen sind meist nicht mehr vorgegeben. Von den jungen Menschen wird nun verlangt, möglichst vollständig die Verantwortung für ihr eigenes Leben (Beruf, Studium, Freizeit) zu übernehmen. Bekanntlich tun sich aber gerade AD(H)Sler damit äußerst schwer, auch wenn sie keine Kinder mehr sind. Die Entlassung in ein weitgehend unbehütetes Leben könnte für diese Klientel einen heftigen Rückfall in alte Verhaltensmuster mit sich bringen. Dann sind da noch die Eltern, die weiterhin sehr starke Nerven brauchen, um mit ihrem unruhigen, oft unberechenbaren Kind in Frieden zu leben.

6. Schlusswort – Ausblick

Für die Leserinnen und Leser mag es deprimierend sein, gleich am Anfang dieses Buches, in der „Bestandsaufnahme", mit einer Flut von Negativmeldungen überschwemmt zu werden.
Ich habe begründet, warum die heutige Schule angesichts einer Vielzahl von verhaltensgestörten Kindern die gesetzten Lehrziele nicht erreicht, nicht erreichen kann. Das ist nur nachzuvollziehen, wenn man nicht nur auf die diagnostizierten knapp 10 Prozent aller Kinder mit AD(H)S (im Schnitt zwei pro Klasse) schaut, sondern auch auf die weitaus größere Zahl nicht diagnostizierter AD(H)Sler, die „harmlosen" Fälle. Dann ist es schon etwa die Hälfte aller Kinder, die den Lehrkräften ein konzentriertes, erfolgreiches Unterrichten extrem erschweren kann .
Weiter habe ich anhand einer Fülle von Fallbeispielen belegt, dass für dieses massenhafte Auftreten von Verhaltensstörungen bei Kindern die heutige Impfpraxis unter Umständen maßgeblich verantwortlich ist.

Das dargestellte Elend – es herrscht nicht in allen Schulen und Klassen – brauchte trotzdem niemanden in die Verzweiflung zu treiben, denn es gab auch Positives zu vermelden: Mit Impfschäden vertraute Mediziner sind in der Lage, durch Ausleitung von Impfgiften Verhaltens- und Lernstörungen dauerhaft zu bessern oder sogar völlig zu beheben. Ein Manko besteht darin, dass eine solche Behandlung, meist mit Homöopathie und Bioresonanz, von den gesetzlichen Kassen nicht bezahlt wird, nur von einigen Privatkassen. Das allein könnte manche Eltern schon davon abhalten, sie bei ihrem betroffenen Kind vornehmen zu lassen. Dabei ist die Methode nebenwirkungsfrei und sogar kostengünstig, jedenfalls weitaus billiger als eine monate-, oft jahrelange Ritalin-Therapie. (Obwohl mit großen Risiken behaftet, ist hier eine Kostenübernahme durch jede Krankenkasse garantiert.)

Ebenfalls erfreulich: Anhand von Untersuchungen und zahlreichen Fallberichten habe ich gezeigt, dass ungeimpfte oder wenig geimpfte Kinder noch über Eigenschaften verfügen, die einem Großteil ihrer Kameradinnen und Kameraden abhanden gekommen sind: Konzentration, Lernfreude, Ausdauer, Rücksichtnahme, Verlässlichkeit usw. Jede Lehrkraft würde viel darum geben, diese Art Kinder zu unterrichten. Ein deutlicher Hinweis, dass Prävention möglich ist.

Therapien, um die ausweglos erscheinende Situation an vielen unserer Schulen spürbar zu verbessern, stehen also bereit. Sie finden jedoch bis jetzt fast keine Beachtung, da der Impfzusammenhang bei Verhaltensstörungen von Medizin, Psychologie und anderen maßgeblichen Instanzen ignoriert wird.
Die Gesellschaft hält nun einmal gelernte Pädagogen und Psychologen schlechthin für die Spezialisten bei AD(H)S. So sehen sie sich auch selbst. Doch kleben sie geradezu an den althergebrachten Theorien. Psychische Störungen hätten in der Regel psychische Ursachen und wenn nicht, seien sie erblich und so bleibe nur die Gabe von Psychopharmaka. Mit der Möglichkeit, dass Impfstoffe Kinderhirnen schaden könnten, beschäftigen sie sich derzeit nicht. Hinzu kommt, dass das Impfen in unserer Gesellschaft als heilige Kuh behandelt wird. Impfkritische Beiträge findet man in den Mainstream-Medien höchst selten. Es wird alles getan, um das positive Image dieses medizinischen Eingriffs zu wahren. Etwas überspitzt gesagt: Ohne Impfungen sei die Menschheit schweren, unheilbaren Krankheiten hilflos ausgesetzt und dem baldigen Tod geweiht. Etliche Impfkritiker meinen, die Pharma-Industrie könnte ihre Finger im Spiel haben. Tatsächlich wäre es ein Desaster für die gesamte Impflobby, die Pharma inbegriffen, wenn offiziell verkündet würde, heutige Impfprogramme brächten das AD(H)S und andere psychiatrische Krankheiten in großem Umfang hervor.

Selbst die Lehrkräfte, die sich heute von Berufs wegen nahezu täglich mit dem Kinderleiden AD(H)S und den sich daraus ergebenden immensen Belastungen konfrontiert sehen, wissen meistens herzlich wenig über das Krankheitsbild, seine Ursachen und mögliche Gegenmaßnahmen, so gut wie gar nichts über neurologische Wirkungen von Impfungen. Diese betrachten sie als ein rein medizinisches und kein pädagogi-

sches Thema. Dabei wäre es gerade für sie besonders nötig, hierüber optimal Bescheid zu wissen.
Allein die Kenntnis derartiger Zusammenhänge kann schon für Lehrkräfte entlastend sein. Üblicherweise schreiben sie es ihrem persönlichen Versagen zu, wenn ihnen die Kinder aus den Händen gleiten und sie meinen, sie nicht mehr erziehen und unterrichten zu können. Das nagt sehr an ihrem Selbstwertgefühl. Es wird sich wieder heben, wenn sie gelernt haben, dass das AD(H)S vielfach neurologisch bedingt und daher mit vertrauten pädagogischen Mitteln kaum beherrschbar ist. In der Vergangenheit, bis hinein in die 1970-Jahre, konnten erzieherisch Tätige in der Regel darauf vertrauen, dass ihre Schützlinge über ein zumindest weitgehend intaktes Gehirn verfügten.
Um zu gewährleisten, dass zukünftig die Lehrerschaft über das AD(H)S, insbesondere den Zusammenhang zwischen diesem Syndrom und dem Impfen, informiert wird, wäre es erforderlich, dass dieses Thema im Rahmen der Lehrerausbildung (Studium, Referendariat) und Lehrerfortbildung (Seminare) gründlich behandelt wird. Kommt das nicht zustande, können Lehrkräfte sich aber auch durch geeignete Literatur selbst schlau machen.

Ob eine Behandlung von AD(H)S-Kindern auf einen Impfschaden hin vorgenommen wird, kann eine Lehrkraft nicht entscheiden. Das ist Sache der Eltern. Eine „wissende“ Lehrkraft ist aber in der Lage, betroffene Eltern umfassend aufzuklären und die geeigneten Ratschläge zu erteilen. Sie wird sich dann nicht mehr darauf beschränken, die üblichen Erziehungshinweise zu geben und zu empfehlen, eine Erziehungsberatung oder psychologische Praxis aufzusuchen. Dazu gehört auch der „revolutionäre“ Rat, es von einem mit der Ausleitung von Impfgiften vertrauten Arzt oder Heilpraktiker auf einen Impfschaden hin überprüfen und entsprechend behandeln zu lassen.
Da Vorbeugen wichtiger als Heilen ist, käme einer deutlichen Senkung der Zahl empfohlener Impfdosen seitens der STIKO (Ständige Impfkommission) eine entscheidende Bedeutung zu. Das würde eine solche Institution natürlich niemals von sich aus tun, ohne Druck von außen. Die normale kleine Lehrkraft hätte jedenfalls keine Chance, in dieser Hinsicht irgendetwas zu bewirken. (Näheres zu Behandlung und Vorbeugung in Kap. 3.9)

Um das Impfwesen aus ihrer Schutzzone herauszuholen und bei den Impfempfehlungen etwas zu verändern, brauchte man einflussreiche Persönlichkeiten und Gruppen, die erkannt haben, dass in den modernen Impfprogrammen eine maßgebliche Ursache für die schwierige Schulsituation liegt, sich äußernd in den vielen psychisch labilen Kindern. Je enger sie mit Schule und Pädagogik verbunden sind, um so besser ist es. Wer wäre da geeigneter als Erziehungswissenschaftler und Lehrerverbände! Sie könnten, zusammen mit impfkritischen Ärzten, Psychologen und Heilpraktikern sowie interessierten Laien, ein Netzwerk bilden und damit der bislang aus Einzelkämpfern bestehenden Bewegung die fehlende Schlagkraft verleihen. Vielleicht gelänge es ihnen sogar, mit Mitgliedern der STIKO zu einem Gespräch zusammenzukommen. Hochrangige Ziele brauchten nicht gleich angepeilt zu werden. Es wäre schon viel gewonnen, wenn Vertreter des Netzwerkes sich zunächst „nur“, aber mit Nachdruck, dafür einsetzten, dass …

… das AD(H)S als Impfnebenwirkung offiziell anerkannt wird.

… eine Impfschadensbehandlung bei AD(H)S als sinnvoll und notwendig angesehen wird.

… diese zukünftig von allen Krankenkassen bezahlt wird.

… die Eltern eines Impflings vor der Impfung den Beipackzettel des jeweiligen Impfstoffs zu lesen bekommen.

Darüber hinaus könnte das Netzwerk eine allgemeine Diskussion darüber in Gang setzen, wie wichtig ein Zurückfahren der heute üblichen Kinderimpfungen auf ein moderates Maß wäre und sich nur so verhindern lasse, dass die Schule mit schwer Erziehbaren in kaum noch zumutbarer Weise dauerhaft belastet bliebe.

Verständlicherweise würde es Erziehungswissenschaftlern äußerst schwer fallen, sich auch mit einem medizinischen Thema, dem Impfen, „anzufreunden“ und in Vorlesungen und Seminaren an der Universität den Lehramtsstudierenden zu vermitteln, Verhaltensstörungen bei Kindern hätten oftmals etwas mit den ganz normalen Kinderimpfungen zu tun. Das käme schon einem Paradigmenwechsel gleich, einem Wechsel in der Grundauffassung der Pädagogik. Schließlich haben sie doch jahrzehntelang allen Studierenden beigebracht, gestörte Kinder seien das Ergebnis gestörter Familien und/oder falscher Erziehung. An Impfungen wurde nicht einmal gedacht.

Zurück zu den Lehrerverbänden. Ihre Aufgabe besteht u.a. darin, auf die Arbeitsbedingungen des Lehrkörpers zu achten und im Bedarfsfall sich für Besserungen einzusetzen. Nun hat sich heutzutage, angesichts der etwa 50 Prozent Kinder mit AD(H)S (die „harmlosen" Fälle inklusive), der Arbeitsplatz Klassenzimmer zu einem Ort hoher gesundheitlicher Gefährdung entwickelt, was möglicherweise von diesen Verbänden unterschätzt wird. Somit wären sie fast gezwungen, sich mit dem Thema „AD(H)S und Impfungen" auseinanderzusetzen und hier, wie gerade angedeutet, entsprechend aktiv zu werden. Wenn sich Lehrkräfte in früheren Zeiten überlastet fühlten, war das in erster Linie auf große Klassen mit 40 bis manchmal 60 Kinder zurückzuführen.

Eine Impfschadensbehandlung bei AD(H)S kann, ebenso das Wenig-Impfen oder Nicht-Impfen, niemals die Erziehung ersetzen. Nur über die Erziehung (Vorbild sein, Grenzen setzen …) werden die „Werte des Lebens" vermittelt. Nur sie sorgt dafür, dass sich Kinder zu selbstbewussten, gemeinschaftstauglichen Menschen entwickeln. Die Erfolge der Erziehung hängen aber in hohem Maße von einem intakten Gehirn ab. Eine Ausleitung von Impfgiften bzw. eine deutlich reduzierte Anwendung von Impfungen bewirkt, dass AD(H)S-Kinder auf Erziehung und Psychotherapie, welche in bestimmten Fällen erforderlich ist, wieder besser ansprechbar werden. Auch eine Ergo-Therapie würde dann wesentlich wirkungsvoller und schneller greifen. Erziehung und Psychotherapie allein können die Störung in bestimmten Fällen wohl leicht mildern, nicht aber beseitigen. Mangelhafte Erziehung verstärkt sie, manchmal bis zur Unerträglichkeit.
Ähnlich verhält es sich mit den Lernleistungen. Eine Beseitigung oder Vermeidung von Impfschäden führt nicht automatisch zu besseren Leistungen. Es erspart den Kindern nicht das Lernen, die geistige Anstrengung. Es beseitigt aber das „Brett vorm Kopf", die Denkblockade, und schafft die Voraussetzung dafür, dass ihnen das Lernen spürbar leichter fällt, sie wieder mehr Freude daran haben und bis dahin versäumter oder nicht verstandener Lernstoff erfreulich schnell nachgeholt werden kann.

Der Schlüssel zur Lösung der AD(H)S-Problematik – und damit der prekären Schulsituation – liegt vor allem in der Lösung der Impfproblematik. Doch wurden auch andere mögliche Ursachen, einschließlich der entsprechenden Gegenmaßnahmen, für das AD(H)S angesprochen,

wie z.B. mangelhafte Erziehung, Mediensucht, Fehlernährung, Antibiotika-Einnahme, Bewegungsmangel, Wohngifte und Elektrosmog. Auch sie können Verhaltensstörungen Vorschub leisten oder verstärken und auch sonst der Gesundheit schaden. Die Beachtung all der eben aufgeführten Faktoren ist für den allerdings relativ seltenen Fall von besonderer Bedeutung, wo die Verhaltensstörung nicht oder nur wenig auf dem Impfen beruht.
Wenn die Impfprogramme auch nicht in jedem Fall und nicht allein für Verhaltens- und Lernstörungen verantwortlich sind, so ist dennoch ihr Beitrag zu diesen Phänomenen ganz wesentlich. Bisher ist ein solcher Zusammenhang nicht ins Bewusstsein der Öffentlichkeit gedrungen, weil den Menschen unbewusst widerstrebte anzuerkennen, dass Kinderimpfungen überhaupt eine Ursache für ihr Auftreten sein können.

Obwohl in diesem Buch die Schule im Vordergrund steht, soll nicht verschwiegen werden, dass AD(H)S-Kinder auch im häuslichen Bereich oftmals für kaum lösbar erscheinende Konflikte sorgen. Oft genug werden Eltern wegen ihres „unmöglichen" Kindes, selbst von Lehrkräften, völlig zu Unrecht beschuldigt, bei der Erziehung versagt zu haben, was das Selbstwertgefühl der Betroffenen, meistens der Mütter, vollends auf den Nullpunkt sinken lässt.

Wie bereits im Vorwort gesagt, ist es nicht Aufgabe dieses Buches zu klären, ob Impfungen einige Krankheiten zurückgedrängt oder ausgerottet haben, was die meisten Impfkritiker bestreiten. Aber selbst wenn das stimmen sollte, muss man die Frage stellen dürfen, ob der Preis dafür verantwortbar ist, wenn nämlich eine Unzahl von Kindern durch diesen medizinischen Eingriff liebenswerte Eigenschaften verliert, auf Erziehung und Unterricht kaum noch anspricht und Lehrern und Eltern das Leben außerordentlich schwer machen.

Ein letztes, positives Fazit

Die Ausleitung von Impfgiften und ein deutliches Zurückfahren heutiger Impfprogramme schaffen die Voraussetzung dafür, dass Erziehung wieder greift, mehr Ruhe und Frieden in Schulen, Kindergärten und Familien einkehren und die Bemühungen der Lehrkräfte zu besseren Lernleistungen führen.

Auch wenn es gelingt, etwas Bewegung in die Impfpraxis zu bringen, ist nicht damit zu rechnen, dass AD(H)S-Kinder in naher Zukunft in breiter Front in den Genuss von Maßnahmen kommen werden, die Impfgifte in ihren Hirnen deutlich reduzieren. Geduld ist mitzubringen. Hauptsache, es passiert überhaupt etwas Sinnvolles! Die Zahl verhaltensgestörter Kinder wird bei unveränderten Impfprogrammen nicht kleiner werden. Lehrkräfte können aber nicht darauf warten, dass Eltern irgendwann entsprechend aktiv werden oder die Impfbetreiber gar einen Sinneswandel vollziehen. Sie müssen versuchen, mithilfe verschiedener „Kunstgriffe“ aus ihrer vertrackten Situation **sofort** das Beste zu machen, d.h. die Kinder trotz Ihrer Beeinträchtigungen wenigstens einigermaßen sozial- und lernfähig zu machen und ihnen möglichst viel Lernstoff zu vermitteln, ohne dabei das eigene Nervenkostüm allzu sehr zu strapazieren. Da könnte die HEBO-Privatschule ein guter Ideengeber sein, auch wenn nicht ihr gesamtes Konzept, wegen völlig anderer Voraussetzungen, von staatlichen Lehranstalten übernommen werden kann. Doch wären manche Teile daraus, wie z.B. die bereits aufgelisteten Unterrichtsrichtlinien, durchaus auch in „normalen“ Schulen anwendbar. Einen Versuch wert ist es allemal.
Diese Liste sei hier noch einmal wiedergegeben:

- Normen- und Sanktionskatalog für Fehlverhalten festlegen und konsequent einhalten.
- Fester, nicht ständig wechselnder Sitzplan, nicht an Gruppentisch, nicht an Einzeltisch in die letzte Reihe.
- Mit offenen Unterrichtsformen nicht überfordern, Freiarbeit, Wochenplanarbeit nur mit helfendem, strukturierendem Begleiten.
- Kein Unterrichtsbeginn ohne absolute Ruhe, Überflüssiges vom Tisch (immer zu Stundenbeginn prüfen und durchsetzen).
- Kleinschrittig strukturieren und vorgehen.
- Erteilte Aufgaben nachsehen – immer! Möglichst mit ermutigendem schriftlichen Kurzkommentar versehen.
- Unterrichtsroutinen pflegen, erteilte Hausaufgaben immer und bei jedem kontrollieren.
- Für angstfreie Lernatmosphäre sorgen.

Anhang

Fragebogen-Aktion

Immer mehr Eltern, Lehrkräfte, Erzieher und Heilberufler beobachten, dass ungeimpfte Kinder psychisch deutlich stabiler sind als nach STIKO-Empfehlungen durchgeimpfte Kinder, d.h. emotional ausgeglichener, in der Schule aufmerksamer und lernfreudiger, selbstständiger, fröhlicher, selbstbewusster, rücksichtsvoller usw. Anders ausgedrückt: Bei ungeimpften Kindern kommen Verhaltens- und Lernstörungen wesentlich seltener vor als bei geimpften.
Solche Beobachtungen bekommen ein deutlich höheres Gewicht, wenn sie auch zahlenmäßig zu belegen sind. Daher haben die fragebogenerfahrene Lehrerin Petra Cortiel aus Salzburg und ich einen entsprechenden Fragebogen („Fragebogen zu meinem geimpften oder ungeimpften Kind“) entwickelt und diesen ab April 2012 an Familien mit Kindern verbreitet. Die Ergebnisse dieser Aktion könnten einen objektiven Vergleich der psychischen Befindlichkeit von Geimpften mit Ungeimpften ermöglichen.
Eine erste Zwischenauswertung im April 2014 hat die genannten Beobachtungen bereits bestätigt. Doch sind die Teilnehmerzahlen an der Fragebogen-Aktion – bisher 70 Familien mit 131 Kindern – noch zu gering, um daraus allgemeingültige Aussagen ableiten zu können. Inzwischen (Ende 2015) sind weitere etwa 90 ausgefüllte Fragebögen eingegangen. Aber auch das reicht längst noch nicht.

Liebe Leserinnen und Leser dieses Buches, bitte helfen Sie mit, dass sich noch viele weitere Familien mit geimpften und/oder ungeimpften Kindern an dieser Fragebogen-Aktion beteiligen.

Abdrucken können Sie den zweiseitigen Fragebogen aus diesem Buch (möglichst vergrößern) oder aus dem Internet: http://www.impfkritik.de/ads/index.html

Fragebogen zu meinem geimpften oder ungeimpften Kind

(Bitte deutlich schreiben und gegebenenfalls Rückseite verwenden.)

Eine ähnliche Fragebogenaktion haben wir von der Impfkritischen Elterngruppe Salzburg 2001 – 2010 durchgeführt. Dieses Mal werden überwiegend **psychische** Auffälligkeiten abgefragt, die alle etwas mit dem **AD(H)S** – auch ADS oder POS genannt – zu tun haben. Dazu gehören auch Angaben zum Lernverhalten und zu den Lernleistungen. Es ist wichtig, dass sich auch Eltern von Kindern, die von dieser Störung nicht oder nur wenig betroffen sind, beteiligen. Das lässt bei der Auswertung besonders aufschlussreiche Ergebnisse erwarten.
Die Fragebogenaktion soll uns helfen, um Rat fragende Eltern von AD(H)S-Kindern besser beraten zu können.

Vorname des Kindes:____________________ männlich ☐ weiblich ☐
Geburtsdatum:____________________

Anzahl und Zeitpunkt der Impfdosen: ☐ im 1.Lebensjahr ☐ im 2. Lebensj. ☐ im 3. Lebensj. ☐ nach dem 3. Lebensj.

(Bei einer 3fach-Impfung werden 3 Impfdosen gezählt, bei einer 5fach-Impfung 5 Dosen.)

Grund, warum es geimpft wurde: ____________________

Grund, warum es nicht oder nur sehr wenig geimpft wurde: ____________________

Allgemeiner körperlicher Zustand seiner Gesundheit: ____________________

Psychische Merkmale

(bitte Zutreffendes ankreuzen)

Mein Kind ...

	trifft voll zu	trifft zu	trifft teilweise zu	trifft wenig zu	trifft überhaupt nicht zu
... kann nicht still sitzen.					
... kann nicht zuhören.					
... kann sich nicht allein beschäftigen.					
... schläft schlecht ein.					
... schläft sehr unruhig und wacht oft auf.					
... kommt morgens nicht aus dem Bett.					
... lässt sich nur ungern anfassen.					
... hat beim Spielen wenig Ausdauer.					
... hat oft schlechte Laune.					
... kann absolut keine Ordnung halten.					
... spielt nicht gern mit anderen Kindern.					
... ist sehr aggressiv.					
... zerstört Spielzeug und andere Dinge.					
... ist hyperaktiv.					
... leidet unter unerklärlichen Ängsten.					

	trifft voll zu	trifft zu	trifft teilweise zu	trifft wenig zu	trifft überhaupt nicht zu
… wird oft extrem wütend oder jähzornig.					
… streitet sich ständig mit Kameraden.					
… weint häufig.					
… widersetzt sich ständig den Anordnungen von Erwachsenen.					
… schmust nicht gern.					
… möchte am liebsten stundenlang vorm Fernseher sitzen.					

Auffälligkeiten beim Lernen (bei Schulkindern)

… macht bei Diktaten sehr viele Fehler.					
… kann Gedichte schlecht auswendig lernen.					
… kann einfache altersangemessene Texte nur mit Mühe erlesen.					
… kann längere Wörter nicht erlesen.					
… liest nur, wenn es „muss“.					
… hat eine „schreckliche“ Handschrift.					
… kann sich die Ergebnisse des 1x1 nicht merken.					
… fürchtet sich vor Textaufgaben.					
… geht nicht gern zur Schule.					
… hasst die Hausaufgaben.					
… redet im Unterricht ständig dazwischen.					
… erzählt selten von eigenen Erlebnissen.					

Adresse (falls anonym, bitte nur Wohnort angeben)
Name: ______________________________
Straße: ______________________________
PLZ, Ort: ______________________________
Tel.: ______________________________
E-Mail: ______________________________
Wir haben mit ☐ Kindern an dieser Fragebogenaktion teilgenommen.

Dieser Fragebogen ist erstellt worden von Petra Cortiel (Salzburg) in Zusammenarbeit mit Friedrich Klammrodt (Strackholt, Deutschland). Klammrodt ist Experte für AD(H)S/ADS. Er hat 2 Bücher mit dem Titel „Unkonzentriert-Aggressiv-Überaktiv. Ein Problem der Erziehung oder der Ernährung?“ und „ADS – eine Impffolge? Heilerfolge mit Homöopathie und Bioresonanz“ geschrieben.

Vielen Dank für Ihre Mithilfe!
Bitte senden Sie den ausgefüllten Fragebogen entweder per Email oder per Post an
Petra Cortiel: impformation@aon.at bzw. Stauffenstr. 9a, A-5020 Salzburg oder
Friedrich Klammrodt: a.klammrodt@web.de bzw. Hinterfenkenweg 2a, D-26629 Strackholt

- 2 -

Kontakt-Adressen

Netzwerk für unabhängige Impfaufklärung (NEFUNI)
Initiator: Hans U. P. Tolzin
Widdersteinstr. 8
D-71083 Herrenberg
Tel.: 07032/784 849-1
www.impfkritik.de

Schutzverband für Impfgeschädigte e.V.
Postfach 1146,
93327 Neustadt/Donau
www.impfschutzverband.de

Ärzte für individuelle Impfentscheidung e.V.
Dr. med. Steffen Rabe
www.individuelle-impfentscheidung.de

Libertas & Sanitas e.V.
Geschäftsstelle: Postf. 1205
85006 Eichstädt
Tel. 08421-903707
www.libertas-sanitas.de

Eltern für Impfaufklärung (EFI)
Angelika Müller,
Heideweg 7
86316 Friedberg
www.efi-online.de

AEGIS Österreich
Franziska Loibner, Ligist 89
A-8563 Ligist
www.aegis.at

Netzwerk Impfentscheid
Wetti 41
CH-9470 Buchs
Tel. 0041-81633 1226
www.impfentscheid.ch

Aegis Luxemburg
Colette Welter
7 rue des Maximins
L - 8247 Mamer
Luxembourg
T/Fax: 00352-2739 7681
www.aegis.lu

European forum for Vaccine vigilance
www.efvv.eu

Literatur

Buchwald, Gerhard:	Impfen – Das Geschäft mit der Angst Droemer/Knaur 2000
Coulter, Harris:	Impfungen – der Großangriff auf Gehirn und Seele Müller & Steinicke, 4. Aufl. 2000
Enders, Norbert	Bedrohte Kindheit – Verhaltensstörungen, Impfungen, Therapieschäden Haug Verlag 1995
Graf, Friedrich:	Die Impfentscheidungen Sprangsrade Verlag, Ausgabe 5/2003
Graf, Friedrich	Nicht impfen – was dann? Sprangrade Verlag
Grätz, Joachim:	Sanfte Medizin – die Heilkunst des Wassermannzeitalters Peter Irl Verlag 2007
Grätz, Joachim:	Sind Impfungen sinnvoll? Müller & Steinicke, 8. Aufl. 2003
Hafer, Hertha:	Die heimliche Droge Nahrungsphosphat – Ursachen für Verhaltensstörungen, Schulversagen und Jugendkriminalität Haug Sachbuch, 6. Auflage 1998
Hensel, Horst	Die neuen Kinder und die Erosion der alten Schule AOL + Lexika, 7. Aufl. 1995
Klammrodt, Friedrich:	ADS – eine Impffolge? Heilerfolge mit Homöopathie und Bioresonanz Verlag Grundlagen und Praxis, Leer 2009 [ADS im Sinne von AD(H)S verwendet]

Klammrodt, Friedrich:	Unkonzentriert-Aggressiv-Überaktiv. Ein Problem der Erziehung oder der Ernährung? Verlag Grundlagen und Praxix, 5., überarbeitete Aufl. Leer 2009
Lott, Bernhard	Schule am Abgrund Leibniz Verlag 2004
Neuhaus, Cordula:	Das hyperaktive Kind und seine Probleme Urania, 11. Aufl. 2002
Petek-Dimmer, Anita	Rund ums Impfen Nachschlagewerk über Impfungen, 4. Aufl.
Roy, Ravi u. Lage-Roy, Carola:	Homöopathischer Ratgeber – Behandlung von Impffolgen Lage & Roy Verlag, 5. Aufl. 2005
Simonsohn, Barbara:	Hyperaktivität – Warum Ritalin keine Lösung ist Goldmann 2001
Smits, Tinus:	Das Impfschaden-Syndrom Narayana Verlag 2006

Über den Autor

Friedrich Klammrodt (Jahrg. 1942), von 1966-2006 in Ostfriesland als Lehrer tätig, befasst sich seit 1985 intensiv mit den Symptomen, Ursachen und Behandlungsmöglichkeiten des AD(H)S. Er ist Vater von drei gemäßigt verhaltensauffälligen Kindern. Eine gezielte Ernährungsumstellung verhalf ihnen zu einer deutlichen Verhaltensverbesserung.
Als Klammrodt immer wieder Berichte von Ärzten, Heilpraktikern und Eltern über Kinder, die nach einer Impfung verhaltensauffällig wurden, in die Hände gelangten, begann er sich zu Beginn der 2000-er Jahre auch mit diesem Thema gründlich auseinanderzusetzen.
Klammrodt ist seit 1985 Mitarbeiter bzw. Leiter einer Selbsthilfegruppe für Eltern verhaltensauffälliger Kinder. Er hat sich zum Gesundheitsberater ausbilden lassen und hält regelmäßig Vorträge zum Thema „Ernährung, Impfungen und Verhalten“, auch überregional.

Anschrift des Autors:

Friedrich Klammrodt
Hinterfenkenweg 2a
26629 Strackholt
Tel.: 0 49 46 – 4 30
E-Mail: klammrodt@grundlagen-praxis.de

Klammrodt, Friedrich

Unkonzentriert - Aggressiv - Überaktiv

5., überarbeitete Auflage 2009
272 S., kart., 17,- €

Friedrich Klammrodt beschreibt die Erscheinungsbilder des hyperkinetischen und hypokinetischen Syndroms mit all seinen Folgen. Akribisch und umfassend hat er die Gründe für motorische Unruhe, Konzentrationsschwäche, Aggressivität, Kontaktschwäche, Stimmungsschwankungen, Wahrnehmungs- und Koordinationsstörungen, Bauch- und Kopfschmerzen, Allergiebereitschaft usw. bei Kindern und Jugendlichen untersucht.
Er weist nach, dass alle Anstrengungen einer Heilung bei einer gestörten Biochemie erfolglos sind. Nach einer spezifischen Änderung der Ernährung bzw. Meidung von bestimmten Nahrungs- und Genussmitteln tritt eine umgehende Änderung der geschilderten Symptome ein. Es handelt sich um ein Werk für alle, die eine Verantwortung für junge Menschen tragen, heilen und helfen wollen.
»Der Lehrer Klammrodt kann ... plausibel machen, dass zuvörderst nicht der Kopf der Kinder verwirrt ist, sondern ihre Bäuche leiden unter Fehlernährung. Und genau das hat katastrophale Folgen für Erziehung und Bildung. ... Ohne einen Bewusstseinswechsel in der Ernährungsfrage kommen wir in der Schule nicht weiter.«

Prof. Dr. Werner Lauff

erhältlich über den
Verlag Grundlagen und Praxis, Tel.:0491-61886 • Fax: 0491-3634
E-Mail: info@grundlagen-praxis.de • www.grundlagen-praxis.de